Ralf Schönfeld

Bundeskanzleramtschefs im vereinten Deutschland

Friedrich Bohl, Frank-Walter Steinmeier und Thomas de Maizière im Vergleich

GÖTTINGER JUNGE FORSCHUNG

Schriftenreihe des Göttinger Instituts für Demokratieforschung

Herausgegeben von Dr. Matthias Micus

ISSN 2190-2305

5 *Bettina Munimus*
Heide Simonis
Aufstieg und Fall der ersten Ministerpräsidentin Deutschlands
Mit einem Geleitwort von Heide Simonis
ISBN 978-3-8382-0170-2

6 *Michael Lühmann*
Der Osten im Westen – oder: Wie viel DDR steckt in Angela Merkel, Matthias Platzeck und Wolfgang Thierse?
Versuch einer Kollektivbiographie
ISBN 978-3-8382-0138-2

7 *Frauke Nicola Schulz*
„Im Zweifel für die Freiheit“
Aufstieg und Fall des Seiteneinsteigers Werner Maihofer in der FDP
ISBN 978-3-8382-0111-5

8 *Daniela Kallinich*
Nicolas Sarkozy
Vom Außenseiter zum Präsidenten
ISBN 978-3-8382-0122-1

9 *Sebastian Kohlmann*
Franz Müntefering
Eine politische Biographie
ISBN 978-3-8382-0236-5

10 *Ralf Schönfeld*
Bundeskanzleramtschefs im vereinten Deutschland
Friedrich Bohl, Frank-Walter Steinmeier und Thomas de Maizière im Vergleich
ISBN 978-3-8382-0116-0

Ralf Schönfeld

BUNDESKANZLERAMTSCHEFS IM VEREINTEN DEUTSCHLAND

Friedrich Bohl, Frank-Walter Steinmeier und Thomas de Maizière im Vergleich

ibidem-Verlag
Stuttgart

Bibliografische Information der Deutschen Nationalbibliothek
Die Deutsche Nationalbibliothek verzeichnet diese Publikation in der Deutschen Nationalbibliografie; detaillierte bibliografische Daten sind im Internet über http://dnb.d-nb.de abrufbar.

Bibliographic information published by the Deutsche Nationalbibliothek
Die Deutsche Nationalbibliothek lists this publication in the Deutsche Nationalbibliografie; detailed bibliographic data are available in the Internet at http://dnb.d-nb.de.

Umschlagsfotos (von links nach rechts):
Portrait von Friedrich Bohl, dem ehemaligen Kanzleramtschef, am Donnerstag (05.04.01) während der Zeugenvernehmung im CDU-Spendenuntersuchungsausschuss in Berlin. Foto: Theo Heimann/ddp images. Abdruck mit freundlicher Genehmigung.

Der SPD-Bundestagsfraktionvorsitzende Frank-Walter Steinmeier wartet am Montag (08.03.10) auf den Beginn der Sitzung des SPD-Präsidiums in Berlin. In der wöchentlichen Gremiensitzung der Bundes-SPD soll ueber aktuelle Themen beraten werden. Foto: Michael Kappeler/ddp images. Abdruck mit freundlicher Genehmigung.

Der neue Innenminister im Freistaat Sachsen, Thomas de Maiziere (CDU), steht am Donnerstag (11.11.04) nach seiner Vereidigung zum Fototermin auf der Terrasse des Sächsischen Landtages in Dresden. Foto: Norbert Millauer/ddp images. Abdruck mit freundlicher Genehmigung.

∞

Gedruckt auf alterungsbeständigem, säurefreien Papier
Printed on acid-free paper

ISSN: 2190-2305

ISBN-13: 978-3-8382-0116-0

Printed in Germany

Eine neue Kultur des Schreibens

Idee

„Göttinger Junge Forschung“, unter diesem Titel firmiert eine Publikationsreihe des „Instituts für Demokratieforschung“, das am 1. März 2010 an der Georg-August-Universität in Göttingen gegründet worden ist. Ein Ziel dieses Institutes ist die Synthese zwischen Universität *und* Gesellschaft, Politik *und* Wissenschaft, Forschung *und* Öffentlichkeit.

In einem solchen Sinne sind auch die Bände der „Göttinger Jungen Forschung“ als Scharnier gedacht. Junge Wissenschaftler können aus der universitären Eigenwelt heraustreten und einer breiteren Öffentlichkeit die Resultate ihrer Forschungen präsentieren. Sie können zeigen, dass sie die Techniken wissenschaftlichen Arbeitens beherrschen – und gleichzeitig zu farbigen und ausdrucksstarken Formulierungen fähig sind. Das mag feuilletonistisch klingen und manchem Kollegen unseriös anmuten. Doch meint die Synthese, wie sie uns vorschwebt und durch die Publikationsreihe promoviert werden soll, nicht zuletzt dies: auf eine manierierte Fachsprache weitestgehend zu verzichten, den exklusiven Sonderjargon zumindest dort zu unterlassen, wo er zur Präzisierung nicht erforderlich ist, und – jedenfalls wo das möglich ist, ohne die Interpretationen übermäßig zu verkürzen oder zu trivialisieren – stattdessen spannend und originell zu formulieren.

Inspiration

Am neu gegründeten „Institut für Demokratieforschung“ verankert, steht diese Buchreihe zugleich in der Tradition der „Göttinger Schule“ der Politikwissenschaft. Was ist damit gemeint, wodurch zeichnet sich der so titulierte politikwissenschaftliche Ansatz aus? Als in den 1990er Jahren in der Politikwissenschaft die Bezeichnung „Göttinger Schule“ aufkam, bezog sich das vor allem auf die Milieustudien der Göttinger Parteienforscher. Unter Rückgriff auf das Milieukonzept war es gelungen, die zeitgenössische Stabilität der bundesrepublikanischen Parlamentsparteien bei Wahlen, die starke Bindung ihrer Sympathisanten, ebenso parteipolitische Feindbilder und grundlegende Überzeugungen vor allem durch die eigenkulturelle Abschottung der Parteien und ihrer Anhänger in parallelgesellschaftlichen Organisationsnetzwerken zu erklären. Die Hochphasen der klar voneinander separierten Milieus mochten zum Zeitpunkt der Betrachtung weit zurückliegen, die Ideologien und Mythen längst verblasst sein, die alten Feste und Bräuche allenfalls noch erinnert, nicht aber mehr demonstrativ gepflegt werden – vielfach modifiziert, transformiert und dem Gesellschaftswandel angepasst, besaßen emotionale Milieuresiduen trotzdem immer noch Erklärungskraft für die Analyse regionaler Wählerhochburgen sowie zur Untersuchung beispielsweise der Besonderheiten des sozialstrukturellen Profils der Parteimitglieder wie auch des politischen Selbstverständnisses der Parteianhänger.

Die wegweisenden Analysen zu den Milieus korrespondierten mit bestimmten Forschungsschwerpunkten, die bis heute unverändert im Fokus der Göttinger Politikwissenschaft stehen. Milieus siedeln im Schnittfeld verschiedener Ursachen, Einflüsse und Wirkungen. Wer auf sie sein Augenmerk richtet, der kommt an Parteien nicht vorbei, den, nach der klassischen Formulierung von M. Rainer Lepsius, „politischen Aktionsausschüssen“[1] der Milieus. Auch Fragen der politischen Kultur sind schnell bei der Hand, wo erklärt werden muss, warum die eine Gesellschaft organisatorisch gestützte, sämtliche Lebensbereiche umfassende Vergemeinschaftungen hervorbringt, die andere dagegen nicht; oder weshalb manche Bevölkerungsgruppen eine Affinität zur Selbstausgrenzung in einer introvertierten Separatkultur zeigen, die anderen fremd ist.

Und insofern Milieus nicht von selbst, gleichsam voraussetzungslos und aus dem Nichts heraus, entstehen, sondern Ergebnisse bewussten Organisationshandelns sind, liegen auch Untersuchungen zu politischer Führung nahe, wenn von Milieus die Rede ist. Politische Anführer agieren nicht im luftleeren Raum, sie sind in institutionelle Strukturen und kulturelle Kontexte eingebun-

---

1 Lepsius, M. Rainer: Parteiensystem und Sozialstruktur. Zum Problem der Demokratisierung der deutschen Gesellschaft, in: ders.: Demokratie in Deutschland, Göttingen 1993, S.25-50, hier: S.37.

den und können – wie im 19. Jahrhundert bereits Otto von Bismarck wusste – den Strom der Zeit nicht schaffen, sondern allenfalls auf ihm steuern. Doch immer dann, wenn sich der gesellschaftliche Wandel beschleunigt, wenn lange Bewährtes überständig und vermeintliche Sicherheiten brüchig werden, dort also, wo sich die berühmten Gelegenheitsfenster öffnen – in diesen Momenten kommt es dann doch auf die individuellen Fähigkeiten der politischen Führungspersonen an, da vermögen der Instinkt und die Weitsicht, die Chuzpe, Entschlusskraft und das Verhandlungsgeschick, kurz: der Machtwille und die politische Tatkraft Einzelner den Geschichtsfluss umzuleiten und neue Realitäten zu schaffen.

Obwohl nun die Göttinger Politikwissenschaft in den vergangenen Jahren sukzessive ihr Blickfeld erweitert und immer weitere Dimensionen in ihre Analysen integriert hat, bilden die alten Kernbereiche unverändert das Zentrum der Göttinger Forschungen. Thematisch werden die in diese Reihe aufgenommenen Arbeiten daher um folgende Untersuchungsgebiete kreisen: An Fallbeispielen werden Möglichkeiten und Grenzen, biographische Hintergründe und Erfolgsindikatoren politischer Führung untersucht. Kulturelle Phänomene, beispielsweise die Gestalt und Wirkung gesellschaftlicher Generationen, werden ebenso Thema sein wie auch klassische Organisationsstudien aus dem Bereich der Parteien- und Verbändeforschung.

Sprache

Gleichwohl: Seit einiger Zeit wird die Bezeichnung „Göttinger Schule" breiter verwendet, als ihr Kennzeichen gilt heute nicht mehr die Beschäftigung mit Milieus oder spezifischen, klar abgrenzbaren Inhalten an sich, sondern allgemeiner ein spezifischer Darstellungsstil, der Forschungsergebnisse für ein interessiertes, fachfremdes Publikum aufarbeitet und die Vermittlung der akademischen Erkenntnisse weit über die engen Grenzen der eigenen Disziplin in die Öffentlichkeit hinein anstrebt. Die „Göttinger Schule" steht für die Lust an der öffentlichen Einmischung und den Verzicht auf akademische Wortungetüme. Dabei bedeutet der eher lockere, essayistische Stil nicht, dass die Texte rasch oder unbedacht heruntergeschrieben würden. Eher im Gegenteil: Sozialwissenschaftliche Phänomene spannend darzustellen ist harte Arbeit. Man muss sich hinsetzen, die Gedanken in fesselnde Sätze verwandeln, die Sinn ergeben, welche zudem der Komplexität des untersuchten Gegenstandes gerecht werden und den Leser dennoch zum Umblättern veranlassen. Um Barbara Tuchman zu zitieren: „Das ist mühselig, langsam, oft schmerzlich und manchmal eine Qual. Es bedeutet ändern, überarbeiten, erweitern, kürzen, umschreiben."[2]

Diese Ausdrucksweise zu fördern, und in Anbetracht des dominanten Präsentationsstiles der zeitgenössischen Sozialwissenschaften könnte man etwas hochtrabend auch von einer neuen „Kultur des Schreibens" sprechen, ist ein zentrales Anliegen der vorliegenden Buchreihe. Schreiben, davon sind wir überzeugt, lernt man nur durch die Praxis des Schreibens. Praxis des Schreibens heißt aber Veröffentlichung, und die Möglichkeit zu einer frühen Publikation und gleichzeitig zu einem frühzeitigen Training sowie Nachweis der eigenen Vermittlungskompetenz soll mit der Reihe „Göttinger Junge Forschung" geboten werden.

Es liegt nun nahe, dieses Ziel, eine neue Kultur des Schreibens herauszubilden, nicht kurzfristig anzustreben. Ebenso offensichtlich wird die bloße Absichtsbekundung, verständlichere und lesbarere Texte zu verfassen und sich verstärkt in die öffentlichen Diskurse einzumischen, zunächst einmal wenig bewirken. Perspektivisch wird es vielmehr darum gehen müssen, eine neue Generation von Politik- und Sozialwissenschaftlern zu begründen, deren Talente zu Vermittlung und Transfer ihrer Forschungsresultate, zum melodiösen Schreiben wie auch zu wirkungsvoller öffentlicher Intervention von Anfang an während des Studiums weiterzuentwickeln sind. In diesem Sinne hat die Buchreihe die Funktion, vorhandene Begabungen im Umfeld des Göttinger „Instituts für Demokratieforschung" durch die reizvolle Offerte einer frühzeitigen Publikation gezielt zu – horribile dictu – fördern und fordern.

2 Tuchman, Barbara: In Geschichte denken, Frankfurt a.M. 1984, S.27.

Offenheit

Kreativ schreiben aber kann nur, wer beizeiten seine Gedanken schweifen lässt. Die neue Kultur des Schreibens verträgt sich daher nicht mit der Neigung zu starrer Kategorienbildung, der Glättung realer Widersprüche in konstruierten Systemen und scheinexaktem Schubladendenken, wie sie in den Sozialwissenschaften verbreitet sind. Die Autoren dieser Reihe arbeiten daher mit methodisch sehr viel offeneren Verfahren, die als „dichte Beschreibung" oder „aufmerksame Beobachtung" apostrophiert werden können. Die aufmerksame Beobachtung gleicht einer Entdeckungsreise in unbekannte Erkenntnisfelder. Es wird aufzunehmen, festzuhalten und zu berücksichtigen versucht, was in einer konkreten Handlungssituation geschieht. Der Fluchtpunkt ist das Aufspüren und Sichtbarmachen von möglichen Zusammenhängen. Kann die aufmerksame Beobachtung insofern mit einem Weitwinkelobjektiv verglichen werden, so ist die dichte Beschreibung der Zoom. Alles das, was für die gewählte Fragestellung entbehrlich ist, wird herausgefiltert und der Rest zu einer fesselnden Erzählung komponiert. Mithilfe von Faktenkenntnis, Einfühlungsvermögen und Vorstellungskraft werden die Zusammenhänge und Bedeutungen hinter den Details sichtbar gemacht, durch die Konzentration auf das Wesentliche und die scharfe erzählerische Konturierung zunächst verschwimmender Linien die Leser in den Bann geschlagen.

In diesem Sinne setzen die Autoren der Reihe „Göttinger Junge Forschung" auf die Integration ganz unterschiedlicher Aspekte, Sichtweisen und Methoden, um das für komplexe Probleme charakteristische Zusammenspiel multipler Faktoren analysieren und die internen Prozesse eines Systems – die sogenannte "black box" – verstehen zu können. Menschliches Handeln ist häufig unlogisch, politische Entscheidungen entspringen nicht selten Zufällen. Der Gefahr, Nuancen einzuebnen und Geradlinigkeit zu behaupten, wo tatsächlich Unebenheiten dominieren, kann man nur durch forschungspragmatische Offenheit entgehen. Einer interessanten, anregenden, inspirierenden Darstellung und also dem Genuss bei der Lektüre kommt das ohnehin zugute.

Matthias Micus

Göttingen, im April 2010

Inhalt

I. Einleitung

Ihre Namen werden falsch geschrieben, in der Öffentlichkeit sind sie kaum bekannt.[1] Und doch gilt ihr Amt als eines der anspruchsvollsten und vielseitigsten in der Berliner Republik.[2] Die Rede ist von Bundeskanzleramtschefs, jenen Managern der Macht, die die Regierungszentrale der Kanzler leiten und dabei wie kaum andere in deren Nähe wirken. Gerade diese Diskrepanz macht ihren Reiz aus. Sie bleiben im Verborgenen, verfügen aber dennoch über außerordentliche Macht im Politikbetrieb. Was also zeichnet sie aus?

Friedrich Bohl, Frank-Walter Steinmeier und Thomas de Maizière, drei der vier letzten Kanzleramtschefs. Kaum jemand kennt sie, wird wissen, wie sie in ihr Amt gelangten oder wie sie es ausfüllten. Die Presse beschreibt sie mit den immer gleichen Attributen. Sie gelten als loyal und verschwiegen, als engste Vertraute und intelligente Administratoren. Zuweilen sind sie „Dr. Makellos", „Maschinisten der Macht" oder „Der Mann mit der Ölkanne". Doch sind diese Zuschreibungen ungenau, sagen nichts aus über den tatsächlichen Einfluss der Kanzleramtschefs und dennoch kehren sie immer wieder. Bohl, Steinmeier und de Maizière zeichnen jedoch mehr aus, als diese reduktionistischen Attribute. Was dies genau ist, soll Inhalt dieser Studie sein.

I.1 Erkenntnisinteresse

Kanzleramtschefs operieren im Schatten der Macht. Eher selten wird die Öffentlichkeit auf sie aufmerksam. Ihrem Einfluss tut dies jedoch keinen Abbruch. Nicht selten ist das Operieren im Schatten für sie sogar vorteilhafter, macht sie einflussreicher. Doch nicht nur in der Öffentlichkeit, auch in der politikwissenschaftlichen Forschung blieb die Berücksichtigung des Bundes-

---

1 Vgl. Schäfer, Ulrich/Bovensiepen, Nina: Bitte mit Bindestrich, in: Süddeutsche Zeitung, 02.11.2005, S.6.

2 Vgl. Neumaier, Eduard: Erster Zuarbeiter seines Kanzlers, in: Die Zeit, 07.02.1975, S.2.

kanzleramts „in den Politikgestaltungsmechanismen des politischen Systems der Bundesrepublik Deutschland weitgehend unberücksichtigt“.[3] Ziel dieser Studie soll es daher sein, einen genaueren Blick auf die bundesdeutsche Regierungszentrale, vor allem aber auf die Kanzleramtschefs Friedrich Bohl, Frank-Walter Steinmeier und Thomas de Maizière, zu werfen.

Neben der Darstellung des Bundeskanzleramtes im Allgemeinen soll vor allem gezeigt werden, welche Rolle die drei ausgewählten Leiter der Regierungszentrale zu ihrer Zeit im politischen Entscheidungsprozess gespielt haben. Verfügten sie über bestimmte Voraussetzungen, die sie für dieses Amt prädestinierten? Welche Bedeutung kam ihnen zu? Wodurch wurde ihr Einfluss beschränkt oder verstärkt? Bedurfte es eines Netzwerkes innerhalb der Partei? Verfügten die Kanzleramtschefs über Beziehungen in die Fraktion? Und welche Rolle spielte die spezifische Koalitionskonstellation?

Auf den Punkt gebracht soll folgende Frage den roten Faden dieser Studie bilden:

Welche Rolle spielten Friedrich Bohl, Frank-Walter Steinmeier und Thomas de Maizière im Machtgeflecht von Partei und Fraktion, Kanzler und Koalition?

Friedrich Bohl, Frank-Walter Steinmeier und Thomas de Maizière wurden ausgewählt, da sie zusammen nahezu zwei Dekaden, fast die gesamte Nachwendezeit, in der Regierungszentrale tätig waren. Damit wirkte jeder von ihnen in einer anderen Koalitionskonstellation (Schwarz-Gelb, Rot-Grün und Große Koalition), von denen jede die Tätigkeit der Kanzleramtschefs auf unterschiedliche Weise beeinflusste. Die sich hieraus ergebenden Differenzen werden ebenso Thema der vorliegenden Studie sein.

---

3 Vgl. Gros, Jürgen: Das Kanzleramt im Machtgeflecht von Bundesregierung, Regierungsparteien und Mehrheitsfraktionen, in: Korte, Karl-Rudolf/Hirscher, Gerhard (Hrsg.): Darstellungs- oder Entscheidungspolitik. Über den Wandel von Politikstilen in westlichen Demokratien, München 2000, S.85-105, S.85.

Bodo Hombach, Chef des Bundeskanzleramtes im ersten Jahr der rot-grünen Koalition, wird aufgrund der Kürze seiner Amtszeit nicht eigenständig betrachtet. Da sein Wirken im Amt jedoch bedeutend für die Tätigkeit von Frank-Walter Steinmeier war, wird auch er thematisiert werden.

Schließlich übten alle drei, trotz ihrer doch relativ langen Amtszeit, ihr Amt vorwiegend abseits jeglicher Medienpräsenz aus. Der Fokus dieser Studie wird daher auf ihr Wirken nach innen, also innerhalb des politischen Systems, und nicht nach außen, gegenüber den Medien, liegen

I.2 Quellenlage und Analysezugang

Es ist nicht überraschend, dass ein Amt, das sich ebenso wie dessen Inhaber der Medienöffentlichkeit weitgehend entzieht, eher seltener Gegenstand wissenschaftlicher Untersuchungen ist. Lange Zeit vernachlässigte die Forschung das Bundeskanzleramt als Zentrale des Regierens auf Bundesebene. Erst 1968 lag erstmalig eine umfassende organisationsgeschichtliche Betrachtung der Regierungszentrale vor.[4] Mittlerweile reicht die Literatur von architektonischen Auseinandersetzungen mit dem Bundeskanzleramt bis hin zur Darstellung von Aufgaben, Organisation und Arbeitsweise.[5] Wenig jedoch findet sich zur Einbindung des Amtes bzw. der Amtswalter in den politischen Entscheidungsprozess.[6] Dieser Ansicht folgt auch Thomas Knoll, der in seiner Arbeit über das Bonner Bundeskanzleramt die „Regierungszentrale als Machtzentrum“ und die mit ihr verbundenen „informalen Kommunikationsmuster“

4 Vgl. Knoll, Thomas: Das Bonner Bundeskanzleramt. Organisation und Funktion von 1949-1999, Wiesbaden 2004, S.17; Schöne, Siegfried: Von der Reichskanzlei zum Bundeskanzleramt, Berlin 1968.

5 Vgl. Wefing, Ulrich: Kulisse der Macht. Das Berliner Kanzleramt, Stuttgart/München 2001; Busse, Volker: Bundeskanzleramt und Bundesregierung. Aufgaben. Organisation. Arbeitsweise, Heidelberg 2005.

6 Dazu auch: Gros, Jürgen: Das Kanzleramt im Machtgeflecht von Bundesregierung, Regierungsparteien und Mehrheitsfraktionen, a.a.O., S.85.

darzustellen versucht.[7] Darüber hinaus bleibt das Bundeskanzleramt in der wissenschaftlichen Forschung jedoch weitgehend unberücksichtigt.

Dies gilt zumeist auch für die Leiter der Regierungszentrale. Arbeiten zu diesem Thema setzen sich mit „Küchenkabinetten" und „Grauen Effizienzen", vor allem also mit den informellen Beratungszirkeln und den Vertrauten im Umfeld der Bundeskanzler, weniger jedoch mit den Amtswaltern im Speziellen, auseinander. Nicht selten werden ausgewählte Vertreter der bisher 18 Kanzleramtschefs, die nahezu immer Teil besagter Küchenkabinette waren, in diese Abhandlungen einbezogen. Doch handelt es sich dabei, auch um der großen Zahl der dargestellten Personen Rechnung zu tragen, zumeist nur um kurze Betrachtungen der Persönlichkeit und des Arbeitsstils des jeweiligen Amtswalters.[8] Eine Ausnahme hierfür bildet ein Artikel von Franz Walter und Kay Müller, der sich allein den Kanzleramtschefs widmet und prägnant das Wirken der Stillen Elite von Hans Globke bis Frank-Walter Steinmeier nachzeichnet.[9] Darüber hinaus bleibt die zur Verfügung stehende Literatur allerdings rar. Zusätzlich vorhanden sind lediglich eine Biographie und eine Autobiographie über Frank-Walter Steinmeier.[10]

Aufgrund der zurückhaltenden wissenschaftlichen Auseinandersetzung mit der in dieser Studie verfolgten Thematik, werden vor allem Artikel aus regionalen und überregionalen Zeitungen und Zeitschriften, sowie Biographien führender Politiker im Umfeld der zu untersuchenden Personen die we-

---

7 Vgl. Knoll, Thomas: Das Bonner Bundeskanzleramt. Organisation und Funktion von 1949-1999, a.a.O., S.18.

8 Zu diesen Themen vor allem: Müller, Kay/Walter, Franz: Graue Eminenzen der Macht. Küchenkabinette in der deutschen Kanzlerdemokratie. Von Adenauer bis Schröder, Wiesbaden 2004; sowie Walter, Franz: Charismatiker und Effizienzen. Porträts aus 60 Jahren Bundesrepublik, Frankfurt/Main 2009.

9 Vgl. Müller, Kay/Walter, Franz: Die Chefs des Kanzleramtes: Stille Elite in der Schaltzentrale des parlamentarischen Systems, in: Zeitschrift für Parlamentsfragen, Heft 3/2002, S.474-501.

10 Vgl. Steinmeier, Frank-Walter: Mein Deutschland. Wofür ich stehe, München 2009; Lütjen, Torben: Frank-Walter Steinmeier – Die Biografie, Freiburg im Breisgau 2009.

sentlichsten Quellen bilden. Mittels einer Dokumenten- und Inhaltsanalyse werden diese Materialien ausgewertet[11] und die gewonnenen Ergebnisse in die Studie eingebunden. Ergänzend zu den Darstellungen aus Wissenschaft und Publizistik wurden auch Interviews mit Friedrich Bohl und Stéphane Beemelmans, dem Büroleiter von Thomas de Maizière, geführt.

I.3 Aufbau der Studie

Für den weiteren Verlauf der Studie wird bewusst auf die Anwendung der Führungsforschung als Grundlage für den Vergleich verzichtet, da weniger die Führungsstile der Kanzleramtschefs, sondern vielmehr ihre Beziehungen zu bestimmten Akteuren, geschlossen aus ihrer Einbindung in das Machtgeflecht, im Mittelpunkt stehen werden. Nichtsdestotrotz finden sich die grundlegenden Elemente der Führungsforschung, das Dreieck aus Person, Institution und Umwelt,[12] in dieser Studie wieder.

Nachdem nun folgend auf die Rolle des Bundeskanzleramtes und dessen Leiters im Allgemeinen eingegangen wurde (Abschnitt 2), wird das eingangs beschriebene Machtgeflecht im Vordergrund stehen (Abschnitt 3). Vor allem die Bedeutung von Partei und Fraktion, sowie der Beraterkreise im Umfeld des Bundeskanzlers und der Koalition werden in diesem Abschnitt thematisiert (Abschnitt 3.1). Mit einer sich daran anschließenden historischen Betrachtung einzelner Vorgänger Friedrich Bohls (Abschnitt 3.2) sollen die Bedeutung der bis dahin erarbeiteten Machtzentren noch einmal herausgestellt und weitere Fragen für die Untersuchung abgeleitet werden (Abschnitt 3.3).

Der zweite Teil dieser Studie wird sich dann dem Aufstieg der drei Kanzleramtschefs widmen (Abschnitt 4.1), bevor auf ihr eigentliches Wirken in der Regierungszentrale eingegangen wird (Abschnitt 4.2). In einer Abschluss-

---

11 Vgl. Patzelt, Werner J.: Einführung in die Politikwissenschaft, Passau, 6.Aufl. 2007, S.145-161.

12 Vgl. Forkmann, Daniela/Schlieben, Michael: Die Parteivorsitzenden in der Bundesrepublik Deutschland.1949-2005, Wiesbaden 2005, S.15; Korte, Karl-Rudolf/Fröhlich, Manuel: Politik und Regieren in Deutschland, Paderborn, 2.Aufl. 2006, S.188.

betrachtung werden die gewonnenen Erkenntnisse schließlich noch einmal reflektiert und die eingangs gestellten Fragen beantwortet (Abschnitt 5).

II. Das Bundeskanzleramt und dessen Chef

Was macht einen Bundeskanzleramtschef im Machtgeflecht von Partei und Fraktion, Kanzler und Koalition aus? Welche Anforderungen werden an ihn gestellt? Diese Fragen sind ohne eine Darstellung der allgemeinen Rolle des Kanzleramtschefs im politischen System der Bundesrepublik nicht zu beantworten. Die formellen Aufgaben des Leiters der Regierungszentrale spielen hierfür ebenso eine Rolle wie seine informellen Funktionen. Geradezu notwendig wird sich hieran die Frage anschließen, welche Bedeutung den einzelnen Akteuren in dem eingangs beschriebenen Machtgeflecht zukommt und welche Rolle ein Kanzleramtschef in diesem spielt.

II.1 Sekretär, Koordinator, Frühwarnsystem – Die Rolle des Bundeskanzleramtschefs

Im September 1949 gegründet, führten vor allem die starke rechtliche Stellung des Bundeskanzlers im Grundgesetz und die Persönlichkeit des ersten Bundeskanzlers Konrad Adenauer dazu, dass sich die Regierungszentrale weniger „zu einer Kanzlei des Kabinetts", hingegen vielmehr „zu einem Amt des Kanzlers entwickelte".[13] Ohne die Regierungszentrale „wäre der Bundeskanzler ein bedauernswerter Vollinvalide: er könnte nicht sehen, hören, noch schreiben, geschweige denn Richtlinien bestimmen".[14]

Obwohl das Bundeskanzleramt in der bundesdeutschen Verfassung keine Erwähnung findet, obliegt doch, ausgehend von der Leitungskompetenz, die dem Bundeskanzler aus Art. 65 GG zukommt und die ihm das Recht verleiht, über die „innere Organisation der Bundesregierung" zu bestimmen,[15] das

---

13 Vgl. Schöne, Siegfried: Von der Reichskanzlei zum Bundeskanzleramt, a.a.O., S.186.

14 Zitiert nach Wilhelm Hennis, in: Rausch, Heinz: Bundestag und Bundesregierung. Eine Institutionenkunde, München 1976, S.197.

15 Vgl. Seiters, Rudolf: Die Kabinettsarbeit in Bonn und Berlin, in: Süß, Werner (Hrsg.):

Recht zur Ernennung und Entlassung des Bundeskanzleramtschefs allein dem Regierungschef. Da es keine eigenständige Rechtsquelle für das Bundeskanzleramt gibt, finden sich dessen Aufgaben in der Geschäftsordnung der Bundesregierung und insbesondere im Vorwort zum Haushaltsplan des Bundeskanzlers und des Bundeskanzleramtes konkretisiert: Das Bundeskanzleramt dient dem Kanzler zur Durchführung seiner Aufgaben und unterrichtet ihn „über die laufenden Fragen der allgemeinen Politik und die Arbeit in den Bundesministerien". Darüber hinaus bereitet das Bundeskanzleramt die Entscheidungen der Bundesregierung vor und achtet auf deren Durchführung.[16]

Der Chef des Bundeskanzleramtes ist demnach zunächst der Staatssekretär der Bundesregierung, deren Entscheidungen er vorbereitet, organisiert und dem Parlament zuleitet.[17] Er soll die Abläufe in der Regierung effizient gestalten und gleichzeitig Meinungsverschiedenheiten im Kabinett verhindern. Ihm werden die Streitfragen, die sich zwischen den einzelnen Ressorts ergeben können, zugeleitet.[18] Schließlich leitet er auch die Runde der Staatssekretäre, die im Vorfeld der Kabinettssitzungen zusammenkommt und strittige Fragen im Voraus klären soll.[19]

Neben seiner Rolle als Konfliktverhinderer und Streitschlichter erfüllt der Behördenleiter zudem eine Filterfunktion für den Bundeskanzler. Er entscheidet über die Bedeutung von politischen Fragen und Personen. Falschen Freunden, „Wichtigtuern" und Anliegen von niederem Rang nimmt sich der Chef des Bundeskanzleramtes selbst an, leitet sie erst gar nicht zum Regierungschef weiter.[20]

Hauptstadt Berlin, Berlin 1995, S.181-196, S.184.

16 Vgl. Busse, Volker: Bundeskanzleramt und Bundesregierung. Aufgaben. Organisation. Arbeitsweise, a.a.O., S.54.

17 Vgl. Busse, Volker: Parlamentarisches Regierungssystem und Bundeskanzleramt im Kräftefeld staatlichen Handelns, in: Der Landkreis, Heft 2/2008, S.67-71, S.71.

18 Vgl. §16 Abs. 2 GoBreg.

19 Vgl. Busse, Volker: Bundeskanzleramt und Bundesregierung. Aufgaben. Organisation. Arbeitsweise, a.a.O., S.89.

20 Vgl. o.V.: Mit Schmidt ins Kanzleramt, in: Frankfurter Allgemeine Zeitung, 15.05.1974,

Nicht zuletzt dient das Bundeskanzleramt dem Regierungschef auch als Führungsinstrument. Als solches hat es die Aufgabe, den Bundeskanzler umfassend zu informieren und zu beraten, und kann daher auch an der Entscheidungsvorbereitung mitwirken.[21] Die Bedeutung dieser Aufgabe erhält angesichts einer fehlenden Einrichtung zur persönlichen Beratung des Regierungschefs, ähnlich den U.S.-amerikanischen Councils im Executive Office of the President, zusätzliches Gewicht. Daher muss der Chef des Bundeskanzleramtes nicht nur ein „tüchtiger Verwaltungschef" sein und das „Zusammenspiel der Ressorts" organisieren können, er muss eben auch selbst beratend tätig werden. Um dieser Aufgabe nachkommen zu können, sollte ein Kanzleramtschef neben seinen fachlichen Qualitäten auch über „umfassende Kenntnisse der Bonner Szenerie" verfügen.[22] Er muss in der Lage sein, die verschiedenen Interessen innerhalb des Kabinetts, zwischen den Koalitionsparteien und zwischen den Flügeln der Regierungspartei zu erkennen und dem Kanzler signalisieren.[23]

Die Rolle des Kanzleramtschefs vermag somit weit über die einer eher formellen Beratungs- und Informationsinstanz in Kabinettsangelegenheiten hinaus gehen. Er kann ebenso innerhalb der Koalition wirken, sowie in Partei und Fraktion Beziehungen unterhalten. Er kann gleichsam Frühwarnsystem und Koordinator, Informationsträger und Administrator sein.[24]

II.2 Staatssekretär oder Bundesminister?

Im Juni 1964 wird Ludger Westrick zum „Bundesminister für besondere Aufgaben" ernannt. Damit übte ein Bundeskanzleramtschef seine Funktion als

S.12.

21 Vgl. Busse, Volker: Parlamentarisches Regierungssystem und Bundeskanzleramt im Kräftefeld staatlichen Handelns, a.a.O., S.71.

22 Vgl. o.V.: Mit Schmidt ins Kanzleramt, a.a.O., S.12.

23 Vgl. Müller, Kay/Walter, Franz: Die Chefs des Kanzleramtes: Stille Elite in der Schaltzentrale des parlamentarischen Systems, a.a.O., S.474.

24 Vgl. ebd., S.474.

Leiter der Regierungszentrale erstmalig im Rang eines Bundesministers aus, da Westrick mit seinen 70 Jahren bereits das Alter überschritten hatte, bis zudem das Beamtenrecht eine Beschäftigung im aktiven Dienst und damit eine Ernennung zum Staatssekretär zuließ. Auch für die nachfolgenden Kanzler hatte diese Praxis Vorbildcharakter und wurde zuweilen von einem designierten Kanzleramtschef selbst gefordert (so beispielsweise von Wolfgang Schäuble).[25] In welchem Rang ein Bundeskanzleramtschef seine Aufgaben wahrnimmt, ob als Staatssekretär oder Bundesminister, bleibt bis heute dem Bundeskanzler überlassen, die Auseinandersetzung damit, welche Variante vorteilhafter ist, begann indes bereits mit der Zeit von Ludger Westrick. Da der Rangunterschied, aufgrund des unterschiedlichen politischen Gewichts von Staatssekretär und Bundesminister, praktisch von Bedeutung sein kann, wird im Folgenden kurz auf die möglichen Auswirkungen der verschiedenen Ämter eingegangen.

In der Geschichte des Bundeskanzleramtes standen bisher häufiger Staatssekretäre als Bundesminister an der Spitze der Regierungszentrale und das nicht ohne Grund. Die Koordination mit den Ressorts des Kabinetts erfolgt wesentlich zwischen dem Leiter der Regierungszentrale und den Staatssekretären der einzelnen Minister. Nicht zufällig leitet der Kanzleramtschef die Staatssekretärsrunde vor der Kabinettssitzung. Als Staatssekretär ist der Leiter der Regierungszentrale in dieser Runde ein primus inter pares, ein Erster unter Gleichen,[26] der sich eher auf die Solidarität der ihm Gleichgestellten berufen kann, als es ein ihnen übergeordneter Bundesminister könnte.[27] Der wäre zudem, so die häufig geäußerte Kritik, dem Bundeskanzler im Kabinett gleichgestellt. Wie die anderen Mitglieder der Regierung, wäre er folglich mit den

---

25 Vgl. Walter, Franz: Ludger Westrick und Horst Ehmke – Wirtschaft und Wissenschaft an der Spitze des Kanzleramtes, in: Micus, Matthias/Lorenz, Robert (Hrsg.): Seiteneinsteiger. Unkonventionelle Politiker-Karrieren in der Parteiendemokratie, Wiesbaden 2009, S.303-318, S.307f.

26 Vgl. Schöne, Siegfried: Von der Reichskanzlei zum Bundeskanzleramt, a.a.O., S.214.

27 Vgl. Knoll, Thomas: Das Bonner Bundeskanzleramt. Organisation und Funktion von 1949-1999, a.a.O., S.421.

Befugnissen des Ressortprinzips ausgestattet, könnte sich den Weisungen des Bundeskanzlers, dem er eigentlich unterstellt ist, gar entziehen.[28]

Ein Bundesminister wiederum, so die Gegenmeinung, wäre stärker in die Fraktion eingebunden und verfügt über Durchsetzungsfähigkeit in Parlament und Partei. Er ist den anderen Ministern im Kabinett gleichrangig, dies erleichtert die Koordination der Regierungsarbeit.[29] Als Bundesminister ist der Kanzleramtschef also immer stärker eine politische Institution, mehr Politiker als Beamter.[30] Letztendlich liegt hierin die Bedeutung des Rangunterschieds. Denn ein Bundesminister steht stärker im medialen Fokus, steht unter ständigen Zwang, sich öffentlich zu profilieren.[31] Für ein Amt, das wohl am besten geräuschlos geführt wird, kann dies nicht von Vorteil sein.

Dennoch, das effektive Funktionieren der Regierungszentrale hängt von der Persönlichkeit des Kanzleramtschefs, dessen Verhältnis zum Bundeskanzler, aber auch dessen Zugang zu den politischen Machtzentren der Regierung ab.[32] Welche Machtzentren dies sind, wird im Folgenden erörtert.

---

28 Vgl. ebd., S.421.

29 Vgl. ebd., S.422.

30 Vgl. ebd., S.421.

31 Vgl. Jäger, Wolfgang: Die Innenpolitik der sozialliberalen Koalition 1969-1974, in: Bracher, Karl Dietrich/Jäger, Wolfgang/Link, Werner (Hrsg.): Republik im Wandel 1969-1974. Die Ära Brandt, Stuttgart 1986, S.32.

32 Vgl. Knoll, Thomas: Das Bonner Bundeskanzleramt. Organisation und Funktion von 1949-1999, a.a.O., S.423.

III. Das Machtgeflecht

Das Machtgeflecht, bestehend aus Partei und Fraktion, Kanzler und Koalition, bildet den Handlungsrahmen, in dem sich die Kanzleramtschefs bewegen. Sie vermögen ihren Spielraum zu begrenzen, können aber ebenso eine Quelle eigener Autorität sein. Worin jedoch genau ihre Bedeutung für Kanzler und Kanzleramtschef liegt, wird im Folgenden erörtert.

III.1 Die Machtzentren im Entscheidungsprozess

III.1.1 Partei und Fraktion – Die Fundamente der Macht

„Wer regieren will, muss informiert sein“, so Wilhelm Hennis. Das Informationen für einen Regierungschef schlichthin unerlässlich sind, bedarf keiner Erklärung.[33] Insbesondere dem Bundeskanzleramt, aber vor allem dessen Leiter, der häufig nicht nur der engste Mitarbeiter sondern auch der wichtigste Berater des Bundeskanzlers ist, kommt daher eine herausgehobene Stellung zu.[34]

Umfassende Beratung ist jedoch nur mit Hilfe eines Netzwerks oder eigener persönlicher Beziehungen möglich, mit deren Hilfe Informationen aus verschiedenen Machtzentren des Regierungssystems bereitgestellt werden können. Natürlich erhält der Kanzleramtschef Informationen aus den einzelnen Ressorts, von den Staatssekretären oder den Ministern selbst, jedoch bilden andere Akteure die Stützen des Kanzlers. Die Bedeutung der Parteien und Fraktionen im Regierungssystem der Bundesrepublik steht außer Frage, ihre

---

33 Zitiert nach Wilhelm Hennis, in: Rausch, Heinz: Bundestag und Bundesregierung. Eine Institutionenkunde, a.a.O., S.188.

34 Vgl. Knoll, Thomas: Das Bonner Bundeskanzleramt. Organisation und Funktion von 1949-1999, a.a.O., S.63.

zentrale Rolle bei der Machtgewinnung und -erhaltung des Bundeskanzlers soll hier aber erneut unterstrichen werden.

Nach wie vor sind die Parteien, gestützt durch den Art. 21 des Grundgesetzes, die wichtigsten Institutionen im Willensbildungsprozess. Sie sind Vermittlungsinstanzen zwischen Staat und Bürger,[35] ermöglichen die Rückkopplung der Politik an den Wählerwillen und die Bürgermeinung.[36] Sie tragen zur politischen Sozialisation der Bürger bei, mobilisieren Wähler für Bundes-, Landtags- und Kommunalwahlen und vermitteln die Politik ihrer Führung an ihre Anhänger.[37] Damit sind sie gleichermaßen Machtressource und Stabilitätsanker für die Regierenden. Veränderungen im politischen Handeln der Exekutive sollten daher „programmatisch und parteipolitisch eingeworben werden", da die Parteien ein Abweichen von ihrer, zumeist auf den Parteitagen beschlossenen Linie, nur für kurze Zeit dulden.[38] Kontakte des Bundeskanzlers zu einzelnen Gliederungen und Mitgliedern seiner Partei sowie in der Parteizentrale selbst, sind folglich unabdingbar.[39]

Das Präsidium der Partei ist entscheidend für deren Arbeit und die Arbeit des Kanzlers.[40] Es bildet die höchste hierarchische Ebene und führt deren lau-

---

35 Vgl. Korte, Karl-Rudolf/Fröhlich, Manuela: Politik und Regieren in Deutschland, Paderborn, a.a.O., S.133.

36 Vgl. Graß, Karl-Martin: Partei-Fraktion-Regierung. Bemerkungen zu einem schwierigen Verhältnis, in: Haungs, Peter et al. (Hrsg.): Civitas. Widmungen für Bernhard Vogel zum 60. Geburtstag, Paderborn 1992, S.549-561, S.559.

37 Vgl. Korte, Karl-Rudolf/Fröhlich, Manuela: Politik und Regieren in Deutschland, a.a.O., S.133.

38 Vgl. ebd., S.93.

39 Vgl. Busse, Volker: Bundeskanzleramt und Bundesregierung. Aufgaben. Organisation. Arbeitsweise, a.a.O., S.119.

40 Im Falle von B90/Die Grünen handelt es sich stattdessen um einen ursprünglich 30-köpfigen Parteirat, der im Dezember 1998 geschaffen und im März 2000 auf 16 Mitglieder verkleinert wurde. Vgl. dazu: Hoffmann, Jürgen: Zustand und Perspektiven der Grünen, in: Zehetmair, Hans (Hrsg.): Das deutsche Parteiensystem. Perspektiven für das 21. Jahrhundert, Wiesbaden 2004, S.117-136, S.128.

fenden Geschäfte.[41] Innerparteilich ist das Präsidium das wichtigste Entscheidungszentrum, jedoch kann es bei bundespolitischen Entscheidungen nicht die Letztentscheidung in den Händen halten. Koalitionsregierungen, die die Beteiligung von Vertretern mehrerer Parteien notwendig machen, verhindern dies weitgehend. Aus diesem Grund dient das Präsidium hinsichtlich bedeutender bundespolitischer Fragen der Information, Beratung und Koordination aber auch der kritischen Auseinandersetzung und Profilbildung. Die eigentliche Entscheidungsfindung erfolgt jedoch in anderen Zirkeln.[42]

Die Fraktion ist die „organische Verbindung zwischen Parlament und Parteien". Sie ist deren notwendige Ergänzung, da die Partei wesentlich über die Fraktion an der politischen Willensbildung mitwirkt.[43] Dass sich die Fraktion in ihrer Arbeit an den Beschlüssen der Partei orientiert,[44] ist daher ebenso ein Kennzeichen für diese enge Verbindung wie die personelle Verflechtung zwischen Partei und Fraktion. Die Einheit des politischen Kurses bleibt somit gewährleistet.[45]

Fraktionen steuern den parlamentarischen Prozess, sorgen für stabile Mehrheitsverhältnisse[46] und unterstützen sowie legitimieren die Politik ihrer

41 Vgl. Niclauß, Karlheinz: Das Parteiensystem der Bundesrepublik Deutschland, Paderborn, 2.Aufl. 2002, S.154ff.

42 Vgl. Haungs, Peter: Parteipräsidien als Entscheidungszentren der Regierungspolitik – Das Beispiel der CDU, in: Hartwich, Hans-Hermann/Wewer, Göttrik (Hrsg.): Regieren in der Bundesrepublik II. Formale und informale Komponenten des Regierens, Opladen 1991, S.113-123, S.119f.

43 Zitiert nach Tschermak von Sysenegg, in: Schüttemeyer, Suzanne: Fraktionen und ihre Parteien. Veränderte Beziehungen im Zeichen professioneller Politik, in: Helms, Ludger (Hrsg.): Parteien und Fraktionen, Opladen 1999, S.39-66, S.42.

44 Vgl. Lang, Joachim: Fraktionsmanagement, in: Althaus, Marco/Geffken, Michael/Rawe, Sven (Hrsg.): Handlexikon Public Affairs, Münster 2005, S.65.

45 Vgl. Gros, Jürgen: Politikgestaltung im Machtdreieck Partei, Fraktion, Regierung. Zum Verhältnis von CDU-Parteiführungsgremien, Unionsfraktion und Bundesregierung 1982-1989 an den Beispielen der Finanz-, Deutschland- und Umweltpolitik, Berlin 1998, S.38.

46 Vgl. Schüttemeyer, Suzanne: Fraktionen und ihre Parteien, a.a.O., S.39.

Bundesregierung.[47] Darüber hinaus nehmen auch sie über ihren Wahlkreis Stimmungslagen in Bevölkerung und Partei auf und geben sie an die Fraktionsführung weiter.[48] Exemplarisch kann hier der Fall des Gesundheitsreformgesetzes aus dem Jahr 1988 angeführt werden. Die sehr emotionale Auseinandersetzung des Wahlvolkes mit dieser Thematik fand über die Wahlkreise Eingang in die Beratungen der Koalitionsfraktionen.[49]

Aus diesem Grund ist eine Regierung stets gefordert, die Folgebereitschaft der Regierungsfraktionen zu sichern, will sie ihre politischen Entscheidungen in Gesetze umgeformt wissen. Daher kann die Fraktion beanspruchen, in den Entscheidungsfindungsprozess eingebunden zu werden. Insbesondere die Mitglieder der engeren Fraktionsführung, die einerseits für die parlamentarische Umsetzung der Regierungspolitik Sorge tragen, andererseits bei Spannungen innerhalb der Fraktionen vermitteln und auf mögliche Widerstände frühzeitig hinweisen müssen, werden hinzugezogen.[50] Zur engeren Fraktionsführung gehören im Wesentlichen die Mitglieder des geschäftsführenden Fraktionsvorstandes, der für die laufenden Geschäfte der Fraktion zuständig ist. Er bildet deren Leitungsebene, wacht über den Fraktionswillen und gewährleistet die Berücksichtigung der Leitlinien der Partei.[51] Als Bindeglieder zwischen Bundesregierung und Fraktion ist vor allem auf die Fraktionsvorsitzenden und deren Stellvertreter sowie auf die Parlamentarischen Geschäftsführer hinzu-

---

47 Vgl. Jäger, Wolfgang: Eine Lanze für den Kanzlerwahlverein, in: Mols, Manfred et al. (Hrsg.): Normative und Institutionelle Ordnungsprobleme des modernen Staates, Paderborn 1990, S.96-110, S.96.

48 Vgl. Langguth, Gerd: Kohl, Schröder, Merkel. Machtmenschen, München 2009, S.53.

49 Vgl. Schreckenberger, Waldemar: Informelle Verfahren der Entscheidungsvorbereitung zwischen der Bundesregierung und den Mehrheitsfraktionen. Koalitionsgespräche und Koalitionsrunden, in: Zeitschrift für Parlamentsfragen, Heft 3/1994, S.329-346, S.337.

50 Vgl. Gast, Henrik/Kranenpohl, Uwe: Große Koalition – schwacher Bundestag, in: Aus Politik und Zeitgeschichte, Heft 16/2008, S.18-23, S.18.

51 Vgl. ebd., S.315.

weisen. Sie unterhalten (informelle) Kontakte zu den Regierungsmitgliedern, erhalten unmittelbar Informationen aus Fraktion und Regierung.[52]

Für die Untersuchung wird entscheidend sein, ob und über welche Kontakte der Kanzleramtschef verfügt bzw. welche Rolle er in Partei und Fraktion spielt. Übt er Parteiämter aus und ist er selbst Abgeordneter und damit Mitglied der Fraktion? Ist er Mitglied des Parteipräsidiums oder Fraktionsvorstandes? All dies kann für den Kanzler wichtig sein. Er braucht vertraute und loyale Fürsprecher in den wichtigen Positionen, bedarf ebenso der Informationszubringer und politischen Seismographen, die Stimmungslagen wahrnehmen und einschätzen können. Für den Kanzleramtschef ist es vermutlich von Vorteil, wenn er in Partei und Fraktion über Erfahrungen verfügt und deren Gepflogenheiten kennt. So sind Minister oder Staatssekretäre ohne Mandat, trotz ihres Rechtes an den Fraktionssitzungen teilzunehmen,[53] instabiler in ihrer Beziehung zu den Fraktionen.[54]

III.1.2 Kanzler und Koalition – Die Entscheidungszentren

Trotz ihrer Bedeutung werden in den Führungsgremien der Parteien und Fraktionen keine bundespolitischen Entscheidungen getroffen, die später in gleicher Form umgesetzt werden. Vorbereitung und Entscheidung wesentlicher politischer Vorhaben erfolgen stattdessen in anderen, zumeist informellen, Zirkeln. Während im kleinen Kreis um den Bundeskanzler politische Vorhaben diskutiert und damit die Weichen für spätere Entscheidungen gestellt werden, erfolgt die letztendliche Entscheidung häufig in Koalitionsrunden, an denen die wichtigsten Vertreter aus Partei und Fraktion beteiligt sind.

---

52 Vgl. Lang, Joachim: Fraktionsmanagement, a.aO., S.65.

53 Vgl. Graß, Karl-Martin: Partei-Fraktion-Regierung. Bemerkungen zu einem schwierigen Verhältnis, a.a.O., S.553.

54 Vgl. ebd. S.554.

III.1.2.1 Die Führungszirkel um den Kanzler

Ob „Kleeblatt“ oder „Frogs“, „Brigade Erhard“ oder „Girlscamp“, kein Bundeskanzler kommt ohne Berater aus. Berater, die im Schatten des Regierungschefs stehen und als Entscheidungshilfe und Schnittstelle zu anderen Machtzentren fungieren.[55] Zuweilen werden sie, in Anlehnung an Père Joseph, der „éminence grise“, dem Mann im Schatten von Kardinal Richelieu im Frankreich des 16. bzw. 17. Jahrhunderts, „Graue Eminenzen“ genannt. Sie haben großen Einfluss auf die Führungspersönlichkeiten des Staates, wissen zudem um ihre Macht, bleiben aber dennoch im Hintergrund.[56]

Zusammen mit dem Bundeskanzler bilden diese Berater den innersten Zirkel der Macht. Sie sind loyal gegenüber dem Regierungschef, absolut verschwiegen und der Öffentlichkeit nahezu unbekannt. Doch genau dies macht sie derart bedeutend. Denn diese informellen Zirkel dienen der Entscheidungsvorbereitung, geben die Linien der Politik vor. Hier bespricht der Kanzler seine politischen Pläne, entscheidet darüber im kleinen Kreis.[57] Die Mitglieder der Runde sind absolut loyal und verschwiegen, gewährleisten so die notwendige Offenheit in diesen Zirkeln. Oft jedoch bleibt unklar, welche der zahlreichen Berater zu diesem engsten Kreis des Kanzlers gehören. Nicht zuletzt deshalb wurde diese Thematik in der wissenschaftlichen Forschung bisher weitgehend ausgespart. Doch ein Kanzleramtschef, „der nicht zum allerengsten Führungs- oder Beraterkreis des Kanzlers gehört, ist an sich überflüssig, ist an sich fehl am Platze.“[58] Ziel dieser Studie wird daher auch sein, diese Zirkel der Macht in den Amtszeiten von Helmut Kohl, Gerhard Schröder und Angela Merkel zu identifizieren, aber vor allem zu prüfen, ob die drei Kanzleramtschefs zu diesen Zirkeln gehörten und wie (un-)entbehrlich sie für den jeweiligen Kanzler waren.

---

55 Vgl. Müller, Kay/Walter, Franz: Graue Eminenzen der Macht. Porträts aus 60 Jahren Bundesrepublik, a.a.O., S.9f.

56 Vgl. Natan, Alex: Graue Eminenzen. Geheime Berater im Schatten der Macht, Hamburg 1967, S.9.

57 Vgl. ebd., S.197.

58 Vgl. Interview mit Stéphane Beemelmans

Hieran schließt sich die Frage nach der abgeleiteten Autorität eines Kanzleramtschefs unmittelbar an. Denn wie stark dieser wirklich ist, hängt womöglich von der Stärke und dem Regierungsstil des Bundeskanzlers ab, davon, wie viel Freiraum er dem Leiter der Regierungszentrale gewährt, welches Verhältnis sie zueinander pflegen und wie viel Einfluss der Kanzleramtschef selbst hat. Was den Einfluss der drei Leiter der Regierungszentrale tatsächlich ausmachte, wird daher ebenso Thema dieser Studie sein.

III.1.2.2 Koalitionen und Koalitionsgespräche

Das personalisierte Verhältniswahlrecht der Bundesrepublik verhindert absolute Mehrheiten weitgehend, daher bleiben Parteienkoalitionen für die Regierungsbildung unumgänglich.[59] Die einzelnen Koalitionen sind jedoch nicht gleichermaßen stabil. Insbesondere Große Koalitionen gelten in Deutschland noch immer als Ausnahmezustand und „Notgemeinschaft", während es in Kleinen Koalitionen zu Spannungen kommen kann, wenn einem der beiden Koalitionspartner weitere Koalitionsoptionen offen stehen.[60] Sowohl Große als auch Kleine Koalitionen halten somit Konfliktpotential bereit, bedürfen daher der Moderation und Schlichtung. Eine Aufgabe, die nicht zuletzt dem Leiter des Bundeskanzleramtes obliegt.

Die Notwendigkeit zur Koalitionsbildung entbindet die Führungsgremien von Partei und Fraktion weitgehend von ihrer Möglichkeit, abschließende politische Entscheidungen zu treffen. Stattdessen fließen die Ergebnisse der dortigen Beratungen in einen Gesamtwillensbildungsprozess ein, der sich jedoch in anderen Gremien vollzieht.[61] Das Entscheidungszentrum, in dem die zentralen politischen Entscheidungen gefällt werden, ist jedoch selten das

---

59 Vgl. Korte, Karl-Rudolf/Fröhlich, Manuela: Politik und Regieren in Deutschland, a.a.O., S.94.

60 Vgl. Kropp, Sabine: Regieren in Koalitionen. Handlungsmuster und Entscheidungsbildung in deutschen Länderregierungen, Wiesbaden 2001, S.81.

61 Vgl. Rudzio, Wolfgang: Informelle Entscheidungsmuster in Bonner Koalitionsregierung, in: Hartwich, Hans-Hermann/Wewer, Göttrik (Hrsg.): Regieren in der Bundesrepublik II. Formale und informale Komponenten des Regierens, Opladen 1991, S.125-141, S.125.

Kabinett. Dies hat vor allem strukturelle Ursachen. Bundesminister sind aufgrund ihres hohen Arbeitspensums nicht in der Lage, die Beziehungen zur Fraktion zu pflegen, können daher schwer abschätzen, welcher ihrer Entwürfe die Fraktion passieren wird. Darüber hinaus erschweren die hohe Zahl an Mitgliedern und das schwache politische Gewicht einzelner Minister die Entscheidungsfindung und -durchsetzung. Im Kabinett finden sich zwar sachverständige, doch in Partei und Fraktion häufig weniger einflussreiche, Politiker.[62]

Aufgrund dieser strukturellen Mängel ist das eigentliche Entscheidungszentrum an anderer Stelle verortet. Informelle Koalitionsgespräche bzw. -runden, an denen die Spitzen von Koalitionsfraktionen und Regierungsparteien beteiligt sind, die aber aufgrund ihrer vergleichsweise kleinen Teilnehmerzahl dennoch eine effektive Kommunikation ermöglichen, vereinen im Gegensatz zum Kabinett genügend politische Autorität, um den Entscheidungen faktische Verbindlichkeit zu verleihen.[63] Die Runden sind paritätisch besetzt, ermöglichen so die gleichberechtigte Diskussion „auf Augenhöhe".[64] Aufgrund der hohen Diskretion innerhalb dieses kleinen Zirkels sind die Gespräche zudem direkter, offener und härter als im Kabinett.[65]

Die Koalitionsgespräche haben in der Bundesrepublik eine lange Tradition. Bereits in der Zeit von 1953 bis 1961, also einem Großteil der Ära Adenauer, galten diese Runden als das „bedeutsamste politische Entscheidungszentrum". Schon damals vermochten diese informellen Runden, den in Kabinett und Koalitionsausschuss vorhandenen Mangel an hinreichender politischer Autori-

---

62 Vgl. Rudzio, Wolfgang: Informelles Regieren. Koalitionsmanagement in deutschen und österreichischen Regierungen, Wiesbaden 2005, S.24.

63 Vgl. Rudzio, Wolfgang: Informelle Entscheidungsmuster in Bonner Koalitionsregierung, a.a.O., S.138.

64 Vgl. ebd., S.67.

65 Vgl. Schreckenberger, Waldemar: Veränderungen im parlamentarischen Regierungssystem. Zur Oligarchie der Spitzenpolitiker der Parteien, in: Bracher, Karl Dietrich et al. (Hrsg.): Staat und Parteien. Festschrift für Rudolf Morsey zum 65. Geburtstag, Berlin 1992, S.133-157, S.150f.

tät auszugleichen.[66] Die Bedeutung dieser informellen Zirkel blieb auch während der Kanzlerschaft Ludwig Erhards erhalten, bevor sie unter Kurt Georg Kiesinger zugunsten des Kabinetts wieder in den Hintergrund traten. Die unzureichende Einbindung der Fraktion machte sich jedoch damals schnell bemerkbar, weshalb erneut auf ein informelles Gremium, dem sogenannten „Kressbronner Kreis", zurückgegriffen wurde. Dieser Zirkel, bestehend aus einflussreichen Mitgliedern von Regierung und Fraktion, diskutierte brisante Themen bereits vor den eigentlichen Kabinettssitzungen und vermochte so koalitionsinterne Konflikte zu bereinigen.[67] Während auch die sozial-liberale Koalition wesentlich auf informelle Koalitionsgespräche zurückgriff, gestaltete sich das Entscheidungssystem der Ära Kohl erheblich komplexer. Die Bedeutung der Koalitionsrunden in der christlich-liberalen Regierungszeit nahm gegenüber den vorangegangen Jahren ab. Allein die Abwesenheit von Franz Josef Strauß, Parteivorsitzender der CSU und Ministerpräsident Bayerns, schmälerte die Bedeutung dieses Zirkels und zwang zur Einberufung der sogenannten „Elefantenrunden", bestehend aus den Parteivorsitzenden der drei Koalitionsparteien Kohl, Strauß und Genscher. Erst nach dem Tode von Strauß und auf Drängen der FDP wurde stärker auf die Koalitionsrunden zurückgegriffen.[68]

Im Falle der drei hier zu untersuchenden Kanzleramtschefs gilt es demnach diese Runden zu identifizieren, zu überprüfen, wer tatsächlich an ihnen beteiligt war, und welche Bedeutung ihnen zugeschrieben werden kann. Vor allem aber soll deutlich werden, welche Rolle die Kanzleramtschefs in diesen Runden spielten und welche Unterschiede sich aus den unterschiedlichen Koalitionskonstellationen möglicherweise ergeben haben könnten.

---

66 Vgl. Rudzio, Wolfgang: Informelle Entscheidungsmuster in Bonner Koalitionsregierung, a.a.O., S.128.

67 Vgl. ebd., S.130.

68 Vgl. ebd., S.133.

III.2 Die Vorgänger im Amt – Ein Rückblick in die Zeit vor Friedrich Bohl

Bereits 1949 geschaffen, bietet das Bundeskanzleramt hinreichend Anschauungsmaterial, um das bisher Dargelegte einer ersten, wenn auch weniger umfassenden, Prüfung zu unterziehen. Daher sollen die exponiertesten Kanzleramtschefs der Bonner Republik genauer betrachtet werden. Denn auch die Vorgänger Friedrich Bohls bewegten sich im Machtgeflecht von Partei und Fraktion, Kanzler und Koalition. Doch wie gingen sie damit um? Welche Beziehung pflegten sie zu den Bundeskanzlern, waren sie Teil derer innersten Zirkel? Wie stark waren sie in Partei und Fraktion verankert? Wie verhielten sie sich innerhalb der Koalition? Auf diese Fragen kann keine abschließende Antwort gefunden werden, da dies eine ebenso umfassende Untersuchung nötig machen würde, wie sie in dieser Studie noch folgen soll. Dennoch kann der historische Rückblick die herausgearbeiteten Akteure und ihre Bedeutung noch einmal verdeutlichen.

Zu den bedeutendsten und im weiteren Verlauf des Kanzleramtes prägendsten Leitern der Regierungszentrale gehört zweifelsohne Hans Globke. Zwar leitete er erst ab 1953, nach dem Ausscheiden von Otto Lenz, als Staatssekretär und Chef des Bundeskanzleramtes die Regierungsbehörde,[69] jedoch wurde dort bereits seit 1949 keine politische Entscheidung ohne die Beteiligung Globkes getroffen.[70] Geschickt verstand er es, den „geregelten Gang der Dienstgeschäfte" durch informell-persönliche Kontakte zu begleiten und zu beschleunigen.[71] Nicht zuletzt seine Personalpolitik half ihm dies zu ermögli-

---

[69] Vgl. Gumbel, Karl: Hans Globke – Anfänge und erste Jahre im Bundeskanzleramt, in: Gotto, Klaus (Hrsg.): Der Staatssekretär Adenauers. Persönlichkeit und politisches Wirken Hans Globkes, Stuttgart 1980, S.73-98, S.92.

[70] Vgl. Osterheld, Horst: Der Staatssekretär des Bundeskanzleramtes, in: Gotto, Klaus (Hrsg.): Der Staatssekretär Adenauers. Persönlichkeit und politisches Wirken Hans Globkes, Stuttgart 1980, S.99-126, S.107.

[71] Vgl. Buchheim, Hans: Hans Globke – oder die Kunst des Möglichen im demokratischen Staat und unter totalitären Herrschaft, in: Ballestrem, Karl Graf et al. (Hrsg.): Sozialethik und

chen. Er berief loyale und administrativ fähige Beamte in die Regierungszentrale, baute Vertrauensverhältnisse zu den kompetentesten Mitarbeitern der Regierung auf und ließ sie schließlich im Zuge der Personalrotation in einzelne Ministerien versetzen.[72] Der Kanzleramtschef schuf sich auf diese Weise ein Netzwerk, das ihm stets zu bedeutenden Informationen aus den Ministerien verhalf, denn er kannte das „politische und administrative Personal in Bonn".[73] Der Kanzler nutzte dieses Wissen ebenso wie Globke, dem die Koordination der Regierungsarbeit und die Lokalisation möglicher Konflikte auf diese Weise erheblich leichter fielen.

Globkes Einfluss reichte jedoch weit darüber hinaus. Er nahm an den Koalitionsgesprächen, dem wohl wichtigsten politischen Entscheidungszentrum der Adenauer-Zeit, teil[74] und bewies im Umgang mit den Koalitionsparteien ebenso wie mit den Regierungsfraktionen, die er stets auf der politischen Linie Adenauers zu halten versuchte, fortwährend sein politisches Geschick.[75] Während ihm innerhalb der Unionsfraktion sein enges persönliches Verhältnis zu Heinrich Krone, dem Fraktionsvorsitzenden der CDU von 1955 bis 1961, half, die gut funktionierende Kooperation zwischen Unionsfraktion und Bundeskanzleramt zu ermöglichen,[76] gelang es ihm innerhalb der Partei durch geschickte Personalpolitik, die sich erheblich der Patronage bediente, loyale Anhänger zu gewinnen.[77]

---

politische Bildung. Festschrift für Bernhard Sutor zum 65. Geburtstag, Paderborn 1995, S.77-92, S.82.

72 Vgl. Eschenburg, Theodor: Adenauers Schatten, in: Die Zeit, 23.02.1973, S.6.

73 Vgl. Müller, Kay/Walter, Franz: Die Chefs des Kanzleramtes: Stille Elite in der Schaltzentrale des parlamentarischen Systems, a.a.O., S.477.

74 Vgl. Rudzio, Wolfgang: Informelles Regieren. Koalitionsmanagement in deutschen und österreichischen Regierungen, a.a.O., S.263.

75 Vgl. Buchheim, Hans: Hans Globke – oder die Kunst des Möglichen im demokratischen Staat und unter totalitären Herrschaft, a.a.O., S.82.

76 Vgl. Helms, Ludger: Regierungsorganisation und politische Führung in Deutschland, Wiesbaden 2005, S.137.

77 Vgl. Walter, Franz: Ludger Westrick und Horst Ehmke – Wirtschaft und Wissenschaft an der Spitze des Kanzleramtes, a.a.O., S.310.

Globke hatte erkannt, dass Informationen von entscheidender Bedeutung für einen Regierungschef sind, will er auf eine sich täglich verändernde politische Lage adäquat reagieren können. Der Kanzleramtschef verfügte über eine Vielzahl von Quellen, die er selbst nicht einmal als unmittelbar nützlich ansah, die aber sehr wohl die Beurteilung der politischen Lage zuließen.[78] Er holte jedoch nicht nur beständig Informationen ein. Globke stand zudem in täglichem Austausch mit dem Kanzler, kannte dessen Befindlichkeiten, seine Sorgen und Absichten des Tages[79] Nahezu berüchtigt sind die Spaziergänge im Park des Palais Schaumburg, die er und Adenauer allein bestritten und in denen die aktuellen Fragen diskutiert wurden. Dies sind die Gelegenheiten, die einen Kanzleramtschef als den wichtigsten Berater des Kanzlers ausweisen, die aber ebenso ein enges Vertrauensverhältnis zwischen beiden voraussetzen. Adenauer jedenfalls vertraute keinem anderen Mitarbeiter in dem Maße wie Hans Globke. Dies führte gar soweit, dass er nach dem Ausscheiden von Ministerialdirektor Lanz die Stelle nicht neu besetzen ließ und die Arbeit stattdessen Globke, der als Einziger sein volles Vertrauen genoss, übertrug.[80]

Der Kanzleramtschef wusste um seine Macht, doch kannte er auch deren Grenzen. Denn seine Stellung und sein Einfluss hingen allein vom Bundeskanzler ab. Globke war stets Beamter und Gehilfe Adenauers, nie jedoch Politiker oder Lenker, dies hätte seiner Macht und seiner Karriere wohl ein jähes Ende bereitet. Stattdessen blieb er im Schatten, arbeitete verschwiegen und geräuschlos, vor allem aber loyal gegenüber seinem Kanzler.[81] Während seiner gesamten Amtszeit blieb er der engste Vertraute und wichtigste Berater von

---

[78] Vgl. Buchheim, Hans: Hans Globke – oder die Kunst des Möglichen im demokratischen Staat und unter totalitären Herrschaft, a.a.O., S.85.

[79] Vgl. ebd., S.83.

[80] Vgl. Mercker, Reinhold: Das Bundeskanzleramt aus der Sicht eines Abteilungsleiters, in: Gotto, Klaus (Hrsg.): Der Staatssekretär Adenauers. Persönlichkeit und politisches Wirken Hans Globkes, Stuttgart 1980, S.127-143, S.130.

[81] Vgl. Müller, Kay/Walter, Franz: Graue Eminenzen der Macht. Küchenkabinette in der deutschen Kanzlerdemokratie. Von Adenauer bis Schröder, a.a.O., S.18ff.

Konrad Adenauer[82] und gleichzeitig der wohl zweitmächtigste Mann in Bonn.[83]

Mit Ludger Westrick, Kanzleramtschef unter Ludwig Erhard, leitete zum ersten Mal ein Bundesminister die Regierungszentrale. Die Besonderheit des Falles Westrick lag aber weniger in seinem Ministerrang, vielmehr in seiner starken medialen Präsenz bei gleichzeitiger parteipolitischer und parlamentarischer Zurückhaltung. Er besaß weder Parteibuch, noch Mandat,[84] begann seine politische Karriere stattdessen 1951, als Seiteneinsteiger aus der Wirtschaft kommend, im Bundeswirtschaftsministerium unter Ludwig Ehrhard. Dort formierte er mit der „Brigade Erhard" einen Beraterkreis um den Wirtschaftsminister, deren Ziel es war, Erhard zum Regierungschef zu machen. Als der Wirtschaftsminister schließlich Kanzler wurde, folgte ihm Westrick in die Regierungszentrale.[85]

Im Gegensatz zu Globke wollte Westrick aber selbst entscheiden. Er sah sich als Politiker und nicht als Beamter. Im Rang eines Bundesministers war er den anderen Ressortchefs bereits formal gleichgestellt, seine tatsächliche Bedeutung überstieg jedoch die der übrigen Minister. Der Zugang zum Bundeskanzler wurde exklusiv nur von Westrick gewährt.[86] Nahezu alles lief durch seine Hand, er war bei allen bedeutenden Gesprächen des Kanzlers im In- und Ausland zugegen.[87] Doch verfügten weder er noch Erhard selbst über das richtige Gespür für das politische Geschäft in Parlament und Regierung. Häufig

---

82 Vgl. Walter, Franz: Charismatiker und Effizienzen. Porträts aus 60 Jahren Bundesrepublik, a.a.O., S.32.

83 Vgl. Müller, Kay/Walter, Franz: Die Chefs des Kanzleramtes: Stille Elite in der Schaltzentrale des parlamentarischen Systems, a.a.O., S.476.

84 Vgl. Groß, Hermann: Ludger Westrick, in: Kempf, Udo/Merz, Hans-Georg: Kanzler und Minister 1949-1998. Biografisches Lexikon der deutschen Bundesregierungen, Wiesbaden 2001, S.739-742, S.739.

85 Vgl. Walter, Franz: Ludger Westrick und Horst Ehmke – Wirtschaft und Wissenschaft an der Spitze des Kanzleramtes, a.a.O., S.307f.

86 Vgl. ebd., S.309.

87 Vgl. Müller, Kay/Walter, Franz: Die Chefs des Kanzleramtes: Stille Elite in der Schaltzentrale des parlamentarischen Systems, a.a.O., S.481.

konnten sie ihre Positionen nicht gegen Partei und Fraktion durchsetzen. Der Versuch, Westrick nach der Machtübernahme Erhards zum Wirtschaftsminister zu machen, scheiterte daher ebenso an den Widerständen aus den eigenen Reihen wie der Versuch einer Rentenreform 1957.[88]

Nicht nur die mangelnde Durchsetzungskraft seiner politischen Vorstellungen, sondern auch sein Unvermögen, die zunehmende Missstimmung innerhalb der Fraktion, gleichsam Intrigen gegen Kanzler Erhardt zu erkennen, machten deutlich, dass es ihm an einem politischen Netzwerk fehlte.[89] Mit der Zeit häuften sich die Angriffe aus Partei und Parlament, denn für einen Großteil der CDU/CSU-Fraktion blieb Westrick ein Außenstehender, ohne Parteibuch und Mandat. Sein Wille nach Macht und sein Wunsch zu entscheiden vertrugen sich nicht mit seiner fehlenden Verankerung in Partei und Fraktion und seinem Unvermögen, das Kanzleramt zu organisieren. Statt seinen Kanzler zu ergänzen, ihn bei Entscheidungen zu helfen, „potenzierte“ er die Schwächen von Erhard.[90] Denn im Gegensatz zu Globke und Adenauer hatten beide keine Beziehung zu ihrer Partei oder zur Bürokratie,[91] sie verschmähten die Akten, warteten eher ab, anstatt zu entscheiden.[92] Selbst gegenüber der „Brigade Erhard“, an deren Aufbau er maßgeblich beteiligt war, trat er reserviert auf, denn Westrick wollte seinen Einfluss auf den Kanzler und die Politik keinesfalls geschmälert sehen.

Die Kritik aus Regierung, Partei und Fraktion wuchs. Gleichzeitig verschlechterte sich die Beziehung zwischen dem Kanzler und seinem zweiten Mann.[93] Nun wurde offenkundig, was für Seiteneinsteiger häufig das größte

---

88 Vgl. Groß, Hermann: Ludger Westrick, a.a.O., S.740.

89 Vgl. Müller, Kay/Walter, Franz: Die Chefs des Kanzleramtes: Stille Elite in der Schaltzentrale des parlamentarischen Systems, in: Zeitschrift für Parlamentsfragen, a.a.O., S.480.

90 Vgl. Schuster, Hans: Westricks Abschied, in: Süddeutsche Zeitung, 16.09.1966, S.4.

91 Vgl. Echtler, Ulrich: Einfluss und Macht in der Politik. Der beamte Staatssekretär, München 1973, S.219.

92 Vgl. Reiser, Hans: Ludger Westrick – Minister, aber kein Politiker, in: Süddeutsche Zeitung, 17.09.1966, S.5.

93 Vgl. ebd., S.5.

Problem ist: Durch seine Karriere fernab von Partei und Fraktion verfügte Westrick über keinerlei Rückhalt, über keine Mannschaft, die ihn hätte stützen können.[94] Als der Druck schließlich zu groß wurde, musste er seinen Rücktritt einreichen. Damit war auch das Ende der Ära Erhard gekommen.

Horst Ehmke war ebenfalls kein Kind seiner Partei. Der Kanzleramtschef in der ersten Amtszeit Willy Brandts war zwar Mitglied der SPD, doch kein „geborener Sozialdemokrat". Ihm fehlten stets die Hausmacht, der Stallgeruch, die Sozialisation in der Partei.[95] Er hatte „Schwierigkeiten zu erklären, warum er Sozialdemokrat ist, aber keine Skrupel, für seine Partei sozialdemokratische Perspektiven im Übergang zu den siebziger Jahren zu entwerfen.", schrieb der Spiegel 1971.[96] Dies entsprach seinem Selbstverständnis. Denn Ehmke sah sich, im Gegensatz zu Globke, mehr als Politiker, denn als Beamter oder gar Dienstleister.[97] Daher war es nur folgerichtig, dass er sich 1969 um einen Wahlkreis bewarb und diesen nach einem intensiven Wahlkampf auch gewann.[98]

Nach seiner Ernennung zum „Bundesminister für besondere Aufgaben" und Chef des Bundeskanzleramtes gehörte Ehmke schnell zu den engsten Vertrauten von Willy Brandt.[99] Wenngleich er ruhmsüchtig und alles andere als geräuschlos oder öffentlichkeitsscheu war, so war er seinem Kanzler gegenüber doch stets loyal, arbeitete Aktenberge ab und administrierte akkurat und kompetent.[100] Jedoch fehlte es ihm an Diskretion. Er gehörte zu den best-

---

94 Vgl. Walter, Franz: Ludger Westrick und Horst Ehmke – Wirtschaft und Wissenschaft an der Spitze des Kanzleramtes, a.a.O., S.310.

Vgl. Billing, Werner: Horst Ehmke, in: Kempf, Udo/Metz, Hans-Georg: Kanzler und Minister. 1949-1998. Biografisches Lexikon der deutschen Bundesregierungen, a.a.O., S.212-216, S.213.

96 Vgl. o.V.: Der Macher, in: Der Spiegel, 01.02.1971.

97 Vgl. ebd., S.31.

98 Vgl. Müller, Kay/Walter, Franz: Die Chefs des Kanzleramtes: Stille Elite in der Schaltzentrale des parlamentarischen Systems, a.a.O., S.485.

99 Vgl. Billing, Werner: Horst Ehmke, a.a.O.., S.214.

100 Vgl. Walter, Franz: Charismatiker und Effizienzen. Porträts aus 60 Jahren Bundesrepublik, a.a.O., S.126.

informierten Politikern in Bonn, ließ es sich aber auch nicht nehmen, zu jedem politischen Thema öffentlich Stellung zu beziehen.[101]

Dennoch versuchte er die Partei nicht wie Westrick außen vor zu lassen. Stattdessen engagierte er sich in der SPD. Er führte in seiner Zeit als Staatssekretär im Bundesjustizministerium die Parteiorganisation und fungierte als eine Art inoffizieller Generalsekretär, als Herbert Wehner wegen des Übertritts von zahlreichen sozialdemokratischen Spitzenfunktionären in das Kabinett der Großen Koalition völlig überfordert war.[102] Als Kanzleramtschef hielt er später stets den Kontakt zu Partei und Fraktion. Jeden Montagvormittag traf er sich zum Frühstück mit dem damaligen Fraktions- und stellvertretenden Parteivorsitzenden Herbert Wehner. Den Kontakt zur FDP hielt er über Hans-Dietrich Genscher,[103] an der morgendlichen Lage im Bundeskanzleramt nahm er ebenso teil wie an den Sitzungen des Fraktionsvorstandes.[104]

Doch trotz dieser Kontakte hatte er zahlreiche politische Feinde in Bonn und den Regierungsfraktionen, zu denen auch Helmut Schmidt und Walter Scheel gehörten.[105] Letztendlich konnten die meisten Sozialdemokraten wohl nicht verwinden, dass ein Mann, der mit der Sozialdemokratie nicht verwachsen war, der sich seine Ziele und Anerkennung nicht erkämpfen musste, derart leicht in der Bonner Republik aufsteigen konnte. Und Ehmke wurde nicht müde, dies zu zeigen. Er gab sich gewandt und das Leben genießend, ein Habitus, der auf wenig Gegenliebe innerhalb der Sozialdemokratie stieß und durch sein häufig taktloses Auftreten nur verschärft wurde.[106] Die parteipolitische

---

101 Vgl. Zundel, Rolf: Das umstrittene Wunderkind, in: Die Zeit, 21.03.1969, S.2.

102 Vgl. Allemann, Fritz René: Horst Ehmke – Der Adlatus auf dem „Spezialist für alles“ Weg zur Kanzlerschaft, in: Die Weltwoche Zürich, 14.11.1969.

103 Vgl. Ehmke, Horst: Mittendrin. Von der Großen Koalition zur deutschen Einheit, Berlin 1994, S.112.

104 Vgl. Reiser, Hans: Leerer Schreibtisch, voller Terminkalender, in: Süddeutsche Zeitung, 16.12.1969, S.3.

105 Vgl. Walter, Franz: Charismatiker und Effizienzen. Porträts aus 60 Jahren Bundesrepublik, a.a.O., S.123.

106 Vgl. Walter, Franz: Ludger Westrick und Horst Ehmke – Wirtschaft und Wissenschaft an der Spitze des Kanzleramtes, a.a.O., S.314.

Ablehnung, die Tatsache, dass er mehr gestalten, als koordinieren und zuarbeiten wollte, und sein gescheiterter Versuch, eine Neuordnung der Regierung, durch den Auf- und Ausbau einer Planungsabteilung und der Entmachtung der Ressortchefs, zu erreichen, führten letztendlich zum Ausscheiden von Ehmke aus dem Bonner Kanzleramt.[107]

Manfred Schüler, Staatssekretär und Chef des Bundeskanzleramts ab Mai 1974,[108] war, wie viele andere Sozialdemokraten auch, ein Mann des zweiten Bildungsweges. Dennoch scheint sein Bezug zur Partei weniger ideologischer Natur gewesen zu sein, bezeichnete er seine Hinwendung zur SPD doch als einen eher „intellektuellen Prozess".[109] Über seine Tätigkeit als Referent im Forschungsinstitut der Friedrich-Ebert-Stiftung kam er schließlich in der Zeit der Großen Koalition als wissenschaftlicher Assistent in die sozialdemokratische Bundestagsfraktion, unter der Führung Helmut Schmidts, dem Schüler später auch in das Bundesfinanzministerium folgte.[110]

Als Schmidt schließlich Kanzler und Schüler Leiter der Regierungszentrale wurde, bestand bereits ein über Jahre hinweg gewachsenes Vertrauensverhältnis. Er wurde zum wichtigsten Zuarbeiter seines Kanzlers, neben ihm war nur der damalige Leiter des Kanzlerbüros, Klaus-Dieter Leister, „so nah am Ohr des Bundeskanzlers".[111] Dabei war Schüler ein Mann im Sinne Schmidts. Der Kanzleramtschef war stets verschwiegen und selbstdiszipliniert, liebte die Administration und das Aktenstudium ebenso sehr wie der Kanzler.[112] Ohne Zweifel war Schüler damit der Mann mit der meisten Macht in der Regierungszentrale. Er nahm an den wöchentlich stattfindenden Koalitionsgesprä-

---

107 Vgl. ebd., S.318.

108 Vgl. Henkels, Walter: Ganz oben in der Kanzleramts-Spinne, in: Frankfurter Allgemeine Zeitung, 07.10.1974, S.12.

109 Vgl. Kaiser, Carl-Christian: Die Seele des Computers, in: Die Zeit, 02.11.1979, S.3.

110 Vgl. ebd., S.3.

111 Vgl. Nayhaus, Mainhardt Graf von: Schüler hat die meiste Macht im Haus, in: Die Welt, 19.03.1977.

112 Vgl. Walter, Franz: Charismatiker und Effizienzen. Porträts aus 60 Jahren Bundesrepublik, a.a.O., S.152.

chen teil,[113] leitete jeden Morgen um acht Uhr die „kleine Lage“ im Bundeskanzleramt, damit der Kanzler noch eine halbe Stunde länger schlafen konnte[114] und war Mitglied des „Kleeblatts“ um und mit Helmut Schmidt. Jener Beratungsrunde, die zentral für die politische Meinungsbildung des Kanzlers war.[115] Den Kontakt zu Partei und Fraktion übernahm jedoch Hans-Jürgen Wischnewski, der ebenfalls Teil des Kleeblatts und gleichzeitig Mitglied der Bundestagsfraktion war.[116]

Niemals jedoch, und hierin liegt eine große Ähnlichkeit zu Globke, kam es Schüler in den Sinn, diese Machtfülle auszunutzen. Er verfügte durchaus über politisches Gespür,[117] strebte jedoch nie nach weiterem Einfluss. Wie Globke wäre dies wohl auch ihm zum Verhängnis geworden, denn erst seine politische Zurückhaltung und seine Beschränkung auf die Administration, verliehen ihm das Vertrauen und den Raum bei seinem Kanzler.[118] Ohnehin hatte Schüler nicht den Anspruch, mehr aus sich zu machen. Er sah sich als „erster Zuarbeiter seines Kanzlers“, war politischer Beamter und eben kein beamter Politiker.[119] Seine Bedeutung wurde insbesondere nach seinem Rückzug 1980 überdeutlich. Das „Kleeblatt“ zerfiel und das Kanzleramt fungierte nicht mehr als Frühwarnsystem. Schmidt war nicht mehr in der Lage, auf die folgenden Regierungskrisen adäquat zu reagieren.[120]

Waldemar Schreckenberger gehörte wohl zu den unglücklichsten Leitern der Regierungszentrale. Mit der Machtübernahme Helmut Kohls 1982 wurde er Chef des Bundeskanzleramtes, als der CDU der Wandel von der Oppositi-

---

113 Vgl. Kaiser, Carl-Christian: Die Seele des Computers, a.a.O.

114 Vgl. Nayhaus, Mainhardt Graf von: Schüler hat die meiste Macht im Haus, a.a.O.

115 Vgl. Kaiser, Carl-Christian: Die Seele des Computers, a.a.O.

116 Vgl. Müller, Kay/Walter, Franz: Die Chefs des Kanzleramtes: Stille Elite in der Schaltzentrale des parlamentarischen Systems, a.a.O., S.488.

117 Vgl. Neumaier, Eduard: Erster Zuarbeiter seines Kanzlers, a.a.O.

118 Vgl. Walter, Franz: Charismatiker und Effizienzen. Porträts aus 60 Jahren Bundesrepublik, a.a.O., S.152f.

119 Vgl. Neumaier, Eduard: Erster Zuarbeiter seines Kanzlers, a.a.O.

120 Vgl. Müller, Kay/Walter, Franz: Die Chefs des Kanzleramtes: Stille Elite in der Schaltzentrale des parlamentarischen Systems, a.a.O., S.489.

ons- zur Regierungspartei gelingen musste. Er leitete die Regierungszentrale in einer Zeit, die einen reibungslosen Verlauf der Arbeit der Regierung nahezu unmöglich macht. Die meisten Probleme, die sich aus dem Wechsel ergaben, wurden ihm zugesprochen.[121] An seinem Fall wird deutlich, wie nachteilig das Fehlen eines Netzwerkes innerhalb des oben beschriebenen Machtgeflechtes aus Partei und Fraktion, Kanzler und Koalition sein kann.

Schreckenberger war, wie viele seiner Vorgänger, Jurist und zudem angesehener Professor an der Verwaltungshochschule in Speyer. Er war ein „detailverliebter Administrator", jedoch niemals Koordinator oder Moderator.[122] Für einen Kanzleramtschef ist dies zu wenig. Er hatte alle Mühe, das Amt auszufüllen. So sehr er sich auch bemühte, die Akten, die sich auf seinem Arbeitstisch türmten, abzuarbeiten, so wenig gelang es ihm. Stets versuchte er, die Arbeit selbst zu erledigen, möglichst alles von seinem Kanzler fern zu halten, damit dieser regieren konnte. Damit entgingen Kohl jedoch zuweilen wichtige Informationen. Informationen, die er sich, unter Umgehung von Schreckenberger, auf anderem Wege einholen musste. Dem Kanzleramtschef gelang nicht, was eigentlich seine Aufgabe war, „die schwierige Koordination zwischen Bundeskanzleramt, Ministerien, CDU/CSU-Fraktion, der Partei und den unionsregierten Ländern" zu meistern.[123]

Allerdings agierte Schreckenberger unter schwierigen Bedingungen. Er war nie tief in der Partei verwurzelt, verfügte nur über wenige Kontakte in der CDU. Auch in der Fraktion, deren Mitglied er nie gewesen ist, fehlte es ihm an Beziehungen. Für Schreckenberger wirkte sich das Fehlen eines Netzwerks in zweierlei Hinsicht negativ aus. Denn erstens verfügte er über kein nennenswertes Frühwarnsystem, mit dem er rechtzeitig Informationen aus Partei und Fraktion hätte gewinnen oder mögliche Entwicklungen erkennen können.[124] Zwei-

---

121 Vgl. Walter, Franz: Charismatiker und Effizienzen. Porträts aus 60 Jahren Bundesrepublik, a.a.O., S.172f.

122 Vgl. Hermann, Rudolph: Der Musterschüler als Sündenbock, in: Die Zeit, 24.08.1984, S.2.

123 Vgl. Dreher, Klaus: Helmut Kohl. Leben mit Macht, Stuttgart 1998, S.319f.

124 Vgl. Gros, Jürgen: Das Kanzleramt im Machtgeflecht von Bundesregierung, Regierungspar teien und Mehrheitsfraktionen, a.a.O., S.89f.

tens fehlte ihm damit eine Mannschaft, die ihn in Zeiten der Krise hätte stützen können.[125] Stattdessen mied er die Partei, sah ihren Einfluss gar als Gefahr für den Willensbildungsprozess im parlamentarischen Regierungssystem.[126] Zugleich entging dem Professor, wo die wirklichen politischen Entscheidungen getroffen wurden. Die Formalisierung der Koalitionsrunden kritisierte er,[127] zu den Morgenlagen erschien er oft zu spät und unvorbereitet. Er begriff nicht, dass Kohl Politik vor allem über das Telefon, auf den Fluren und in den Weinhäusern, weniger aber in institutionellen oder gar gewählten Gremien betrieb.[128] Aus diesem Grund blieben viele Entscheidungen vor Schreckenberger verborgen. Nur gelegentlich oder erst im Nachhinein wurde er informiert. Die engsten Zirkel der Regierungsmacht blieben ihm verschlossen.

Nicht jedoch seinem Nachfolger Wolfgang Schäuble. Er war tief in der Partei verwurzelt, saß in einer Vielzahl derer Gremien, führte den Vorsitz des Bezirks Südbaden und war Mitglied des Landesvorstandes.[129] Bereits 1971 wurde er Mitglied des Bundestages. Nach einigen unauffälligen Lehrjahren, wurde er schließlich auf Vorschlag Kohls zu einem der vier Parlamentarischen Geschäftsführer gewählt, bevor er ein Jahr später zum 1. Parlamentarischen Geschäftsführer aufstieg.[130] Noch vor seiner Zeit als Kanzleramtschef verfügte er demnach über erhebliche Partei- und Fraktionserfahrung. Erfahrungen, die ihn für Kohl bereits als Parlamentarischen Geschäftsführer unentbehrlich machten. Schon damals gehörte Schäuble zu den engsten Vertrauten des Pfälzers, häufige Telefonate und Treffen machten dies hinlänglich deutlich.[131]

---

125 Vgl. Walter, Franz: Charismatiker und Effizienzen. Porträts aus 60 Jahren Bundesrepublik, a.a.O., S.173.

126 Vgl. Korte, Karl-Rudolf: Deutschlandpolitik in Helmut Kohls Kanzlerschaft. Regierungsstil und Entscheidungen 1982-1989, Stuttgart 1998, S.33.

127 Vgl. ebd., S.33.

128 Vgl. Dreher, Klaus: Helmut Kohl. Leben mit Macht, a.a.O., S.318, 322.

129 Vgl. ebd., S.407.

130 Vgl. Dreher, Klaus: Geräuschloser Aufstieg aus dem Hintergrund, in: Süddeutsche Zeitung, 12.11.1984, S.3.

131 Vgl. Korte, Karl-Rudolf: Deutschlandpolitik in Helmut Kohls Kanzlerschaft, a.a.O., S.34.

Dieses Vertrauensverhältnis gründete nicht zuletzt auf der Verschwiegenheit und Loyalität Schäubles, sondern auch in der sich gleichenden Biographie der beiden Politiker, deren Herkunft, Habitus und Lebensweg sich sehr ähnlich sind.[132] Dieses Vertrauensverhältnis aber auch die parteipolitische und parlamentarische Erfahrung Schäubles machten dessen Ernennung nach der unglücklichen Zeit unter Schreckenberger geradezu notwendig.

Schäuble aber wollte das Bundeskanzleramt nicht im Rang eines Staatssekretärs bekleiden, stattdessen bestand er auf den Bundesministerrang. Er hielt es für wichtig, dass der Leiter der Regierungszentrale auch in Partei und Fraktion verankert ist.[133] Nach seiner Ernennung gelang es ihm schließlich, die Regierungszentrale aus den Schlagzeilen zu holen, er nutzte den Sachverstand des Hauses und baute es zu einem Führungsinstrument aus.[134] In allen bedeutenden Gremien war er vertreten. Er nahm an den Koalitionsgesprächen teil, war Beteiligter in den Fraktionssitzungen der CDU/CSU und wohnte den Sitzungen des CDU-Präsidiums bei.[135] Im Falle von Streitigkeiten oder schlicht zur Einbindung der Partner in der Koalition, nutzte Schäuble seine persönlichen Kontakte zu Hermann Otto Solms in der FDP[136] oder zu Franz Josef Strauß bzw. Edmund Stoiber in der CSU.[137]

Schäuble verfügte demnach über ein eigenes umfassendes Netzwerk im Machtgeflecht von Partei und Fraktion, Kanzler und Koalition. Dieses Netzwerk diente ihm nicht nur dazu, seinem eigenen Wirken Nachdruck zu verleihen und sich abzusichern, es diente ihm vor allem als seismographisches Sys

132 Vgl. Dreher, Klaus: Helmut Kohl. Leben mit Macht, a.a.O., S.318, 358f.

133 Vgl. ebd., S.358.

134 Vgl. Filmer, Werner/Schwan, Heribert: Wolfgang Schäuble. Politik als Lebensaufgabe, München 1992, S.115f.

135 Vgl. Korte, Karl-Rudolf: Deutschlandpolitik in Helmut Kohls Kanzlerschaft, a.a.O., S.36.

136 Vgl. Schwarzmeier, Manfred: Parlamentarische Mitsteuerung. Strukturen und Prozesse informalen Einflusses im Deutschen Bundestag, Wiesbaden 2001, S.239.

137 Vgl. Filmer, Werner/Schwan, Heribert: Wolfgang Schäuble. Politik als Lebensaufgabe, a.a.O., S.117, 123f.

tem, mit dem er in der Lage war, neue Entwicklungen im Machtgeflecht zu erkennen.

III.3 Ein erstes Resümee und weitere Fragen

Werden lediglich die institutionellen Rahmenbedingungen, die sich dem Chef des Bundeskanzleramtes bieten, betrachtet, so ergibt sich das Bild eines Sekretärs, der die Termine seines Chefs verwaltet und dessen Sitzungen vorbereitet. Er stimmt ab, moderiert, koordiniert zuweilen. Jedoch spielt sich alles im Rahmen der Institution Regierung, wesentlich also im Kabinett ab. Nur mittelbar wird in den rechtlichen Regelungen auch eine Beraterfunktion deutlich, die nicht nur auf das Kabinett beschränkt ist.

Versteht man ihn hingegen als Berater, dann erscheint der Kanzleramtschef schließlich weniger wie ein Bürokrat und Sekretär, dafür eher wie ein Netzwerker, nahezu ein beamter Politiker. Dies muss er auch sein, will er seinen Kanzler gegenüber gute Arbeit leisten. Zuweilen war er Frühwarnsystem in Partei und Fraktion, berichtete dem Kanzler von aktuellen Entwicklungen, bezog die Führungsebenen beider Akteure ein, um deren Zustimmung zu sichern. Häufig funktionierte dies in der Geschichte der Kanzleramtschefs, oft aber wurde auch deutlich, welche Auswirkungen das Fehlen guter Verbindungen in Partei und Fraktion haben kann. Westrick und Schreckenberger entzogen sich dieser Tatsache, hielten die Akteure für vernachlässigbar, weil sie entweder selbst entscheiden wollten oder weil sie nicht erkannten, welche Bedeutung der Rückhalt von Fraktion und Partei für den Kanzler und dessen Leiter der Regierungszentrale haben kann. Ehmke verfügte zwar über Kontakte zu beiden Akteuren, nutzte persönliche Beziehungen und band die Führungsriegen ein, doch mangelte es ihm an Unterstützung aus der SPD. Der Rückhalt von Partei und Fraktion kann der eigenen Person Autorität verleihen, die eigene Arbeit in Krisenzeiten absichern. Wolfgang Schäuble machte dies deutlich. Seine Position war nicht nur unangefochten, durch sein Netzwerk gelang es ihm auch, sein vertrauliches Wissen zu Gunsten Kohls zu nutzen.

Doch ein Kanzleramtschef ist häufig nicht nur Frühwarnsystem gewesen, sondern oft auch erster und wichtigster Berater. Von Globke über Schüler bis

Schäuble gehörten sie zum engsten Zirkel um den Kanzler, waren zumeist die engsten Vertrauten, mit denen ein offenes, ungezwungenes Gespräch möglich war. Doch setzt dies ein Vertrauensverhältnis, gleichsam Jahre langes miteinander voraus. Es bedarf Zeit sich kennenzulernen, sich ergänzen und geradezu blind vertrauen zu können. Sehr oft war dies der Fall, auch bei Westrick und Schreckenberger, die die späteren Kanzler bereits lange vor ihrer Machtübernahme kannten. Geholfen hat es beiden letztlich nicht. Sicher ist also, ein gewachsenes Vertrauensverhältnis ist essentiell, jedoch hängt viel von der Mentalität des Kanzleramtschefs ab. Bisher schadete es stets, wenn er sich in der Öffentlichkeit hervortat, wenn er versuchte, mehr Macht zu erlangen als ihm zustand, wenn er nicht moderierte und koordinierte, stattdessen plante und entschied. Was in der Politik unerlässlich ist, ist für einen Kanzleramtschef geradezu nachteilig: öffentliche Präsenz und Profilierung. Je verborgener und geräuschloser er seine Regierungszentrale leitete, umso besser erfüllte er bisher seine Arbeit.[138]

Darüber hinaus sollte ein Kanzleramtschef seinen Kanzler ergänzen, ihn nicht spiegeln. Er muss die Schwächen seines Chefs ausgleichen, ihn seine Stärken nutzen lassen.[139] Genau dies tat Westrick nicht, er verstärkte die Schwächen des Regierungschefs. Schäuble hingegen war in das Frühwarnsystem Kohls eingebunden, „netzwerkte" wie sein Kanzler, kam mit seinem informellen und stark dezentralen Stil zurecht. Vor allem aber war er Mitglied der Entscheidungszirkel, der Koalitionsrunden. Dies traf auf nahezu alle Kanzleramtschefs zu, verlieh ihnen Einfluss und machte sie zu mächtigen Männern in der Bonner Republik.

Ein Letztes sollte jedoch nie außer Acht gelassen werden: ein Kanzleramtschef ist stets abhängig von seinem Kanzler. Nicht nur, weil dieser ihn jederzeit entlassen kann, vor allem aber, weil es von der Persönlichkeit des Kanzlers abhängt, wie viel Raum er seinem Behördenleiter gewährt. Die Auto-

138 Vgl. Müller, Kay/Walter, Franz: Die Chefs des Kanzleramtes: Stille Elite in der Schaltzentrale des parlamentarischen Systems, a.a.O., S.500.

139 Vgl. Walter, Franz: Ludger Westrick und Horst Ehmke – Wirtschaft und Wissenschaft an der Spitze des Kanzleramtes, a.a.O., S.316.

rität des Kanzleramtschefs vor allem aber auch deren Grenzen werden daher wesentlich vom Kanzler bestimmt.

Bleibt also zu fragen, ob die zu untersuchenden Kanzleramtschefs in der Partei verankert waren, sie die Ochsentour gegangen sind? Hatten sie bereits Partei und Fraktion aus eigener Erfahrung kennen gelernt, um Amts- und Mandatsträger adäquat einbinden zu können? Kannten sich Kanzler und Kanzleramtschef bereits vor der Regierungszeit, waren sie die Zusammenarbeit gewohnt? Ergänzten sie ihre Kanzler oder verstärkten sie nur deren Schwächen? Zudem: welche Beraterkreise waren in der Zeit von Helmut Kohl, Gerhard Schröder und Angela Merkel von Bedeutung und waren die Kanzleramtschefs Teil von ihnen? Gehörten sie zu den engsten Beratern, zu denen, die bei Problemen zuerst konsultiert wurden? Und waren sie in den Entscheidungszentren beteiligt, nahmen sie teil an den Koalitionsrunden und -gesprächen? Letztlich: wie stark hingen sie von ihrem Kanzler ab, wie stark wurde ihr Wirken durch den Regierungsstil des Kanzlers bestimmt? Diese Fragen werden im Folgenden am konkreten Beispiel von Friedrich Bohl, Frank-Walter Steinmeier und Thomas de Maizière in die Studie einfließen und beantwortet werden.

IV. Friedrich Bohl, Frank-Walter Steinmeier und Thomas de Maizière – Bundeskanzleramtschefs

Der vorangegangene Abschnitt ließ erkennen, welche Machtzentren im parlamentarischen Regierungssystem der Bundesrepublik vorhanden sind und welche Rolle der Chef des Bundeskanzleramtes darin zumindest formell spielt. Im nun folgenden Kapitel werden Friedrich Bohl, Frank-Walter Steinmeier und Thomas de Maizière in ihrem Wirken betrachtet und miteinander verglichen.

IV.1 Der Aufstieg – Zwischen Ochsentour und Exekutivkarriere

Will man die Chefs des Bundeskanzleramtes betrachten, bleibt es nicht aus zu fragen, was taten sie zuvor? Wie verlief ihr Weg bevor sie Leiter der Regierungszentrale wurden? Was qualifizierte gerade sie zu diesem Amt? Und welche Erfahrungen machten sie während ihres politischen Aufstiegs, von denen sie im Bundeskanzleramt profitieren konnten? Die Betrachtung des Aufstiegs der drei Behördenleiter wird Aufschluss über diese Fragen geben.

IV.1.1 Von Marburg über Wiesbaden nach Bonn – Friedrich Bohl

IV.1.1.1 Lehrjahre unter Dregger

Bis zum Ende der 1960er Jahre war Hessen für die CDU die Diaspora schlechthin. Mit Stimmenanteilen von etwa 26% bestand für sie keinerlei Aussicht, die sozialdemokratische Dominanz in Wiesbaden zu beenden.[140] Noch 1962 war es der SPD nach 1950 erneut gelungen, die absolute Mehrheit zu erringen. Der damalige Landesvorsitzende der CDU, Wilhelm Fay, war weder in der Lage, das schlechte Abschneiden seiner Partei bei den Wahlen, noch die

[140] Vgl. Mick, Günter: Django reitet weiter für Deutschland, in: Frankfurter Allgemeine Sonntagszeitung, 24.11.1991.

Abwanderung der profiliertesten hessischen Politiker nach Bonn zu verhindern.[141]

Zu jener Zeit, 1963, trat Friedrich Bohl, geboren im März 1945, in die Junge Union (JU) und die CDU ein. Für den gebürtigen Göttinger war der Eintritt nach eigener Aussage lediglich Zufall. Ein Schulfreund hatte ihn zu der Gründungsversammlung des JU-Kreisverbandes Marburg eingeladen, auf der Bohl auch zum Vorsitzenden des neu geschaffenen Verbandes gewählt wurde. Weniger ideologische Verbundenheit, dafür eher allgemeines politisches Interesse, ausgelöst durch Ungarn-Aufstand und Mauerbau, führten zum Engagement im Jugendverband der CDU.[142] 1964 wurde er in den Bezirksverband Mittelhessen gewählt, Ausgangspunkt seiner Ochsentour durch die verschiedenen Ämter der Partei.[143] Bohl nutzte, wie zahlreiche andere politische Neulinge der 1960er Jahre, die Junge Union als Karrieresprungbrett[144] Bis heute bildet sie den institutionellen Rahmen, um Erfahrungen zu sammeln, politische Freundschaften zu bilden und Kontakte zu knüpfen.[145]

Seine ersten Lehrjahre waren bewegte Zeiten in der Bundesrepublik. Auf Bundesebene erreichten die studentischen Protestbewegungen 1967/68 ihren Höhepunkt, während sich die Junge Union diesen weitgehend entzog, sich stattdessen parteiloyal verhielt und das politisch-gesellschaftliche System, von dem sie profitierten, verteidigte.[146] Ebenso Friedrich Bohl, der mit den Protest-

141 Vgl. Frommelt, Reinhard: Mitregieren-Wollen und Opponieren-Müssen. Die CDU Hessen unter Wilhelm Fay 1952-1967, in: Wolf, Werner (Hrsg.): CDU Hessen 1945-1985. Politische Mitgestaltung und Kampf um die Mehrheit, Köln 1986, S.37-57, S.52f.

142 Vgl. Feldmeyer, Karl: Aus Dreggers Schule, in: Frankfurter Allgemeine Zeitung, 16.05.1989.

143 Vgl. Krauel, Torsten: Des Kanzlers treuer Spürhund, in: Rheinischer Merkur/Christ und Welt, 29.11.1991.

144 Vgl. Krabbe, Wolfgang R.: Parteijugend in Deutschland. Junge Union, Jungsozialisten und Jungdemokraten 1945-1980, Wiesbaden 2002, S.157.

145 Vgl. Hackel, Wolfgang: Die Auswahl des politischen Nachwuchses in der Bundesrepublik Deutschland. Die Junge Union als Sprungbrett für politische Karrieren in der CDU, Bonn 1978, S.299f, 306.

146 Vgl. Krabbe, Wolfgang R.: Parteijugend in Deutschland. Junge Union, Jungsozialisten und

bewegungen kaum in Berührung kam, dessen politische Sozialisation nicht zusammen mit den Kulturrevolutionären und Radikalreformern der damaligen Zeit, sondern „im wohlgeordneten organisatorischen Rahmen der Jungen Union“ stattfand.[147]

In Hessen wiederum wurde nach einer weiteren verlustreichen Wahl 1966 der Neuanfang gewagt. Auf dem Landesparteitag der hessischen CDU wurde Alfred Dregger zum neuen Landesvorsitzenden der Partei gewählt. Mit ihm verbanden die Christdemokraten die Hoffnung, die Regierungszeit der SPD zu beenden. Dregger selbst lies keinen Zweifel daran, dass er diesen Hoffnungen gerecht werden wollte. Bereits zu seiner Antrittsrede machte er klar, dass sein Ziel die Regierungsübernahme in Hessen war. Fortan gab sich die hessische CDU aggressiver und herausfordernder, sie vermied es, innerparteiliche Auseinandersetzungen öffentlich auszutragen und brachte ihren Landesvorsitzenden gegen den damaligen Ministerpräsidenten in Stellung.[148] Bohl schätzte die Konfrontationspolitik Dreggers gegen die SPD. Sein aggressives und zuweilen respektloses Verhalten prägten ihn und ließen ihn ähnliche Charakterzüge entwickeln.[149]

1970 zog Bohl in den Landtag ein. Acht Jahre später wurde er Vorsitzender des CDU-Kreisverbandes Marburg-Biedenkopf und stellvertretender Fraktionsvorsitzender.[150] Da die hessische Landtagsfraktion der CDU zweimal im Jahr mit der Bundespartei und der Bundesfraktion zusammenkam, entstand zu dieser Zeit auch der Kontakt zwischen Bohl und dem damaligen Oppositions-

Jungdemokraten 1945-1980, a.a.O., S.163.

147 Vgl. Walter, Franz: Charismatiker und Effizienzen. Porträts aus 60 Jahren Bundesrepublik, a.a.O., S.90.

148 Vgl. Wolf, Werner: Neubeginn und Kampf um die Mehrheit. Die CDU Hessen unter Alfred Dregger 1967-1982, in: ders. (Hrsg.): CDU Hessen 1945-1985. Politische Mitgestaltung und Kampf um die Mehrheit, a.a.O., S.59-97, S.64ff.

149 Vgl. Bannas, Günter: Auf der Flucht vor den Schlagzeilen, in: Süddeutsche Zeitung, 20.03.1997.

150 Vgl. Lölhöffel, Helmut: Vom Sprungbrett ins Zentrum der Macht gehüpft, in: Frankfurter Rundschau, 26.11.1991.

führer Helmut Kohl, der 1973 Partei- und 1976 Fraktionsvorsitzender wurde.[151] Mit seiner Übernahme des Parteivorsitzes stieß er eine Parteireform an, die der Parteizentrale, aber auch den Landesverbänden gegenüber der damals einflussreichen Bundestagsfraktion, politisches Gewicht verlieh. Aus diesem Grund gewannen zahlreiche Landesverbände, darunter auch der hessische, der durch Alfred Dregger äußerst erfolgreich geführt wurde, an personellem Gewicht.[152]

IV.1.1.2 Bundestagsabgeordneter und Parlamentarischer Geschäftsführer

Zu dieser Zeit, 1980, also noch vor dem Ende der sozial-liberalen Koalition in Bonn, zog auch Friedrich Bohl in den Bundestag ein. Nach dem Regierungswechsel 1982 begann er sich schnell als „Kläffer" und „Wadenbeißer" einen Namen zu machen. Denn wie schon sein Förderer Dregger verhielt sich nun auch Bohl aggressiv und herausfordernd gegenüber der Opposition.[153] Er bezeichnete Mandatsträger der Grünen als „eine Schande für die parlamentarische Demokratie", bezog in der Parteispendenaffäre um Helmut Kohl klar Stellung für den Kanzler und ließ der Opposition auch bei der Untersuchung der U-Boot-Affäre, in der Bohl als Obmann der CDU/CSU-Fraktion fungierte, keine Möglichkeit, einen politischen Sieg gegen die Regierung zu erringen.[154] Auf diese Weise setzte sich Bohl nicht nur medienwirksam in Szene,[155] sein aggressives Auftreten fand zudem Anklang in der Bundesregierung, allen voran bei Helmut Kohl.

Die Regierungsübernahme 1982 hatte die Union personell geschwächt hinterlassen, da zahlreiche profilierte Politiker in die Bundesregierung wech-

---

151 Vgl. Interview mit Friedrich Bohl

152 Vgl. Möller, Horst: 1982-1990, in: Becker, Winfried et al. (Hrsg.): Lexikon der Christlichen Demokratie in Deutschland, Paderborn/München/Wien 2002, S.86-96, S.86.

153 Vgl. Bicher, Norbert: Klar auf Angriffskurs, in: Deutsches Allgemeines Sonntagsblatt, 31.05.1991.

154 Vgl. Casdorff, Stephan-Andreas: Friedrich Bohl. Erster Parlamentarischer Geschäftsführer der Union, in: Süddeutsche Zeitung, 03.05.1989.

155 Vgl. Bernstorf, Martin: CDU: Schäuble will es wissen, in: Capital, 01.08.1991.

selten. Dregger, der bereits seit 1972 im Bundestag saß und sich durch seine Leistungen in Hessen für bundespolitische Aufgaben empfohlen hatte, übernahm nun auf Wunsch Kohls dessen Fraktionsvorsitz.[156] Schnell begann er seine „Hessen-Mafia" um sich zu scharen und besetzte frei werdende Positionen mit alten Vertrauten.[157] So auch Friedrich Bohl, der im November 1984 zum 4. Parlamentarischen Geschäftsführer der Unionsfraktion aufstieg. Die Fraktionsgeschäftsführer organisieren und koordinieren den parlamentarischen Geschäftsgang, sie sind Mitglied des Ältestenrates, bestimmen dort im Wesentlichen untereinander über die Einsetzung von Ausschüssen und die Verteilung der Ausschussvorsitze.[158] Da die Parlamentarischen Geschäftsführer gemäß der Fraktionsgeschäftsordnung zum geschäftsführenden Fraktionsvorstand gehören, sind sie an allen wichtigen „Diskussions- und Entscheidungsprozessen der Fraktionsspitze frühzeitig und aktiv beteiligt".[159] Nicht ohne Grund, denn Parlamentarische Geschäftsführer „müssen fast immer ‚wissen' oder ‚fühlen', was ihre Fraktion will", so ein langjähriger Amtswalter. Sie sorgen für die Geschlossenheit der Fraktion, verhandeln mit den Fraktionsmitgliedern, falls eine geschlossene Stimmabgabe gefährdet scheint, und geben weiter, was der Fraktion zugemutet werden kann.[160]

Im Verlauf der 1980er Jahre verlor die Unionsfraktion jedoch zunehmend an Bedeutung. Kohls wichtigster Mann war Wolfgang Schäuble, der als 1. Parlamentarischer Geschäftsführer sehr gute Kontakte in die Fraktion aufgebaut hatte, von denen er noch als Chef des Bundeskanzleramtes profitierte.

---

156 Vgl. Bösch, Frank/Brandes, Ina: Die Vorsitzenden der CDU. Sozialisation und Führungsstil, in: Forkmann, Daniela/Schlieben, Michael (Hrsg.): Die Parteivorsitzenden der Bundesrepublik Deutschland 1949-1005, Wiesbaden 2005, S.23-63, S.48.

157 Vgl. Bischoff, Jörg: Dreggers Schützling im Kanzleramt, in: Der Tagesspiegel, 20.10.1991.

158 Vgl. Schüttemeyer, Suzanne S.: Manager des Parlaments zwischen Effizienz und Offenheit, in: Aus Politik und Zeitgeschichte, Heft 36-37/1997, S.8-17, S.12f.

159 Vgl. Petersen, Sönke: Manager des Parlaments. Parlamentarische Geschäftsführer im Deutschen Bundestag – Status, Funktion, Arbeitsweise, Dresden 1999, S.87.

160 Vgl. Schüttemeyer, Suzanne S.: Manager des Parlaments zwischen Effizienz und Offenheit, a.a.O., S.12,15.

Fraktionsvorsitzender Dregger hingegen, der gegenüber Kohl äußerst loyal war und dem es gelang, in der Fraktion bei namentlichen Abstimmungen eine nie da gewesene Geschlossenheit zu erzielen, gehörte nicht zum engsten Kreis des Kanzlers,[161] während sein Parlamentarischer Geschäftsführer Bohl in die bedeutenden Entscheidungen einbezogen wurde. Kohl war auf ihn durch dessen Tätigkeiten in den verschiedenen Untersuchungsausschüssen aufmerksam geworden und pflegte bereits seit einiger Zeit engen Kontakt zu ihm.[162] Der Kanzler sah in Bohl bereits zu dieser Zeit einen loyalen Vertrauten, seine Teilnahme an den jährlich stattfindenden Tagesausflügen in der Pfalz machte dies deutlich. „Da wurden halt auch die eingeladen, mit denen er sozusagen täglich zu tun hatte, so wie die Juliane Weber als Beispiel und eben diejenigen, die er als seine engeren Weggefährten betrachtete."[163] 1989 wurde Bohl auf Wunsch Kohls zum 1. Parlamentarischen Geschäftsführer gewählt. Das enge Verhältnis der beiden erhielt eine weitere Bestätigung.[164]

Damit rückte Bohl noch näher an den Fraktionsvorsitzenden Dregger heran. Er bildete dessen Frühwarnsystem, pflegte den privaten Umgang mit den Abgeordneten, trank mit ihnen Bier, hörte sich ihre Probleme an. Dabei galt Bohl, ähnlich wie sein Vorgänger Rudolf Seiters, als sehr viel einfühlsamerer Ansprechpartner als Schäuble. Er war der Seismograph für die Stimmungslage der Fraktion, verknüpfte die Fraktionsführung mit dem Gros der Abgeordneten[165] und vermittelte zwischen den Regierungsfraktionen im Falle unterschiedlicher politischer Auffassungen.[166] Zudem war Bohl nun auch for-

---

161 Vgl. Bösch, Frank: Macht und Machtverlust. Die Geschichte der CDU, Stuttgart/München 2002, S.123.

162 Vgl. Carsdorff, Stephan-Andreas: Friedrich Bohl. Erster Parlamentarischer Geschäftsführer der Union, a.a.O..

163 Vgl. Interview mit Friedrich Bohl

164 Vgl. Bicher, Norbert: Klar auf Angriffskurs, a.a.O.

165 Vgl. Petersen, Sönke: Manager des Parlaments. Parlamentarische Geschäftsführer im Deutschen Bundestag – Status, Funktion, Arbeitsweise, a.a.O., S.144ff.

166 Vgl. Pursch, Günter: Eine steile politische Karriere, in: Das Parlament, 29.11.1991.

mal für die Verbindung der Fraktion zur Regierung zuständig.[167] Zwar tat er dies „in erster Linie mit Schäuble und Seiters“, aber zuweilen pflegte er auch „unmittelbar den Kontakt zum Kanzler“.[168] Als parlamentarisches Frühwarnsystem nahm Bohl nun auch an den Koalitionsrunden teil, die unter Kohl zunehmend die Bedeutung des Kabinetts minderten.

Schon damals ging seine Funktion über die eines einfachen Beobachters hinaus. Denn Kohl erwartete, dass der 1.Parlamentarische Geschäftsführer auf mögliche Gefahren aufmerksam machte und äußerte, was der Fraktion zugemutet werden konnte.[169] Ihm verdankte Kohl seinen sicheren Rückhalt bei den Abgeordneten der Union.[170] Gegenüber Fraktion und Regierung verfügte Bohl demnach schon damals über erheblichen Einfluss. Er war außerordentlich beliebt, hatte als Parlamentarischer Geschäftsführer Anteil an den parlamentarischen Vorgängen und war gleichzeitig an den Entscheidungen der Regierung beteiligt. Hinsichtlich der Partei war seine Funktion als Schaltstelle jedoch weniger bedeutend, da die einflussreichen Parteimitglieder wie Schäuble oder auch Generalsekretär Peter Hintze ohnehin im Parlament saßen und in direktem Kontakt mit Kohl standen.[171]

IV.1.1.3 Der Vertraute wird Kanzleramtschef

Warum aber ernannte Kohl schließlich im November 1991 Friedrich Bohl zum Chef des Bundeskanzleramtes? Der Kanzler hatte zu Beginn seiner Amtszeit schlechte Erfahrungen mit Waldemar Schreckenberger, dem ersten Leiter der Regierungszentrale, gemacht. Er war kein Mitglied der Fraktion, es gelang ihm nicht frühzeitig Informationen über eine bestimmte politische Entwicklung in

---

167 Vgl. Petersen, Sönke: Manager des Parlaments. Parlamentarische Geschäftsführer im Deutschen Bundestag –Status, Funktion, Arbeitsweise, a.a.O., S.109.

168 Vgl. Interview mit Friedrich Bohl

169 Vgl. Petersen, Sönke: Manager des Parlaments. Parlamentarische Geschäftsführer im Deutschen Bundestag – Status, Funktion, Arbeitsweise, a.a.O., S.223f.

170 Vgl. Rafalski, Frank: Bohl: Vom „Wadenbeißer“ zum Kanzleramtschef, in: dpa, 24.11.1991.

171 Vgl. Petersen, Sönke: Manager des Parlaments. Parlamentarische Geschäftsführer im Deutschen Bundestag – Status, Funktion, Arbeitsweise, a.a.O., S.229.

Partei oder Fraktion zu gewinnen. Im fehlte die politische Verwurzelung und damit Kontakte in den wichtigsten Entscheidungszentren. Folglich blieben ihm die informellen Zirkel im Umfeld des Bundeskanzlers verschlossen, der Schreckenberger auch nur unzureichend einband.[172] Schäuble hingegen war selbst Parlamentarier und nutzte die Kontakte aus seiner Zeit als Parlamentarischer Geschäftsführer. Das zu dieser Zeit aufgebaute Netzwerk half ihm in der Regierungszentrale.[173] Überdies verfügte er über direkten Zugang zu Kanzler Kohl, gehörte zu dessen engsten Vertrauten.[174] Mit Schäuble und nachfolgend Seiters hatte es sich bewährt, den Chef des Bundeskanzleramtes aus den Reihen der Parlamentarischen Geschäftsführer zu rekrutieren. Mit Bohl setzte der Kanzler dies fort. Denn ein Parlamentarischer Geschäftsführer hat „eine ganz besondere Kenntnis von den internen Machtverhältnissen, Situationen innerhalb der Koalition. Und das ist sicherlich ein großer Vorteil. Das hat sich auch bei Schäuble und Seiters gezeigt, dass das die halbe Miete ist."[175] Tatsächlich sind sich das Amt des Parlamentarischen Geschäftsführers und das des Bundeskanzleramtschefs in Aufgaben und Arbeitsweise sehr ähnlich. „Als politischer Generalist entspricht der Chef des Bundeskanzleramtes weitgehend dem Parlamentarischen Geschäftsführer", so Bohl.[176] Zudem verweist er auf das über Jahre hinweg aufgebaute Vertrauensverhältnis zwischen ihm und dem Bundeskanzler, das bereits lange vor einer Zusammenarbeit in Bonn seinen Anfang nahm. Seine parlamentarischen Erfahrungen, der enge Kontakt und seine administrativen Fähigkeiten als Jurist gaben, seiner Meinung nach, letztendlich den Ausschlag.[177]

---

172 Vgl. Gros, Jürgen: Das Kanzleramt im Machtgeflecht von Bundesregierung, Regierungsparteien und Mehrheitsfraktionen, a.a.O., S.89.

173 Vgl. ebd., S.98.

174 Vgl. Korte, Karl-Rudolf: Deutschlandpolitik in Helmut Kohls Kanzlerschaft. Regierungsstil Und Entscheidungen 1982-1989, a.a.O., S.211.

175 Vgl. Interview mit Friedrich Bohl

176 Vgl. Petersen, Sönke: Manager des Parlaments. Parlamentarische Geschäftsführer im Deutschen Bundestag – Status, Funktion, Arbeitsweise, a.a.O., S.236.

177 Vgl. Interview mit Friedrich Bohl

IV.1.2 Aufstieg frei von Brüchen – Frank-Walter Steinmeier

IV.1.2.1 Jugend und Studium fernab von Politik und Partei

Frank-Walter Steinmeier, geboren im Januar 1956 in Brakelsiek im Lipperland, wuchs in einer, wie er selbst sagt, lange Zeit „durch und durch sozialdemokratisch geprägt[en]" Region auf.[178] Die gescheiterte Abwahl Brandts 1972, die er für eine politische „Trickserei" zur Beendigung der Ostpolitik des Kanzlers hielt, prägten ihn nach eigener Aussage politisch. Ähnlich wie Bohl sah er sich als „politischen Schüler" mit Neigung zur Geschichte.[179] 1975 trat er der SPD und deren Jugendorganisation, den Jungsozialisten (Jusos) bei. Laut Steinmeier war die Schließung eines Maschinenbaubetriebs in der Nähe seiner Familie der erste Fall sozialer Ungerechtigkeit, den er erlebte und der ihn zum Engagement in der Jugendorganisation bewegte.[180] Tatsächlich jedoch können sich Aktive der damaligen Zeit nicht an sein Engagement erinnern.[181] Parteipolitisch bleibt es demnach wohl eher still um ihn.

1976 begann er sein Jurastudium im hessischen Gießen, dass er bis zu seinem Wechsel nach Hannover nur für sein zweijähriges Referendariat in Frankfurt am Main verließ. Sein Leben blieb bis dahin frei von Brüchen und Einschnitten. Steinmeier hielt sich stets an die Regeln, brach sie nicht, trat eher konventionell auf. Er hatte es nicht anders kennen gelernt, musste sich nie anders verhalten. Für ihn führte die Einhaltung der Regeln stets zum Ziel. Auch darin mag ein Grund für seine spätere Loyalität und Verbindlichkeit liegen, die seinen Aufstieg begünstigten und ihn bei politischen Mitstreitern und Gegnern Anerkennung verschafften.[182]

An der Universität Gießen war er Mitglied des Redaktionsteams um seinen Professor Helmut Ridder, dem Herausgeber der Zeitschrift „Demokratie und Recht". So manche Freundschaft bildete sich unter den Mitgliedern des

---

178 Vgl. Steinmeier, Frank-Walter: Mein Deutschland. Wofür ich stehe, a.a.O., S.19f.

179 Vgl. Leinemann, Jürgen: „Ich bin nicht der Stellvertreter", in: Der Spiegel, 19.04.2003.

180 Vgl. Steinmeier, Frank-Walter: Mein Deutschland. Wofür ich stehe, a.a.O., S.20, 27.

181 Vgl. Lütjen, Torben: Frank-Walter Steinmeier – Die Biografie, a.a.O., S.24f.

182 Vgl. ebd., S.27.

Redaktionsteams, zu dem auch Brigitte Zypries gehörte. Doch hatte sich Steinmeier ganz der Wissenschaft verschrieben, zu einem Engagement in der SPD oder lediglich der Juso-Hochschulgruppe kam es nicht.[183] Dabei hätte die hessische SPD jede Unterstützung benötigt. Denn unter dem Vorsitzenden der hessischen CDU, Alfred Dregger, gelangen den Christdemokraten ab 1970 zahlreiche Wahlerfolge, die zwar nicht zur Ablösung der SPD-Regierung führten, sie aber sehr wohl in Bedrängnis brachten. Das ein intensiveres Engagement Steinmeiers dennoch ausblieb, hing vermutlich auch mit den hessischen Sozialdemokraten zusammen. Zwar erfolgte nach dem Ende der sozialliberalen Koalition 1982 eine Kurskorrektur sowohl im Außenbild der Partei als auch in der hessischen Landespolitik, jedoch erhielten weder der sozialdemokratische Jugendverband noch die Basisgliederungen in Hessen neue Impulse, die eine Mitarbeit attraktiv gemacht hätten.[184] Stattdessen erlebte Steinmeier das Ende der ersten rot-grünen Koalition zwischen Holger Börner und Joschka Fischer lediglich als Beobachter.[185]

IV.1.2.2 Aufstieg in Hannover

1991 erhielt Steinmeier eine zweite Chance am rot-grünen Projekt mitzuwirken. Brigitte Zypries, die Bekannte aus Steinmeiers Zeit an der Universität Gießen und mittlerweile in der niedersächsischen Staatskanzlei tätig, riet dem promovierten Juristen, sich in der Staatskanzlei in Hannover zu bewerben.[186]

Die rot-grüne Koalition, die im Mai 1990 gewählt wurde, deutete sich bereits in den Oppositionsjahren ab Mitte der 1980er Jahre an. Schon damals pflegten die Parteien eher einen kooperativen Umgang miteinander. Durch vereinzelte Zusammenarbeit näherten sich die Spitzen beider Parteien an, bildeten informelle Netzwerke und verringerten so die zuvor bestehenden menschlichen und inhaltlichen Differenzen. Der Wahlkampf wurde im We-

---

183 Vgl. ebd., S.34f.

184 Vgl. Meng, Richard: Die sozialdemokratische Wende. Aussenbild und innerer Prozess der SPD 1981-1984, Giessen 1985, S.255f.

185 Vgl. Steinmeier, Frank-Walter: Mein Deutschland. Wofür ich stehe, a.a.O., S.57.

186 Vgl. Lütjen, Torben: Frank-Walter Steinmeier – Die Biografie, a.a.O., S.35.

sentlichen zwischen zwei Lagern geführt, da SPD und Grüne bereits auf kommunaler Ebene eng zusammengearbeitet hatten und zwischen beiden die größte programmatische Schnittmenge bestand. Eine Koalition mit einer anderen Partei als den Grünen wurde kategorisch ausgeschlossen.[187] Nach dem Wahlsieg erhielten die Grünen schließlich das Ministerium für Bundes- und Europaangelegenheiten, sowie das Ministerium für Frauenfragen, Jugend und Sport. Da die SPD jedoch das Umweltressort behielt, wurden die Erfolge des Ministeriums überwiegend den Sozialdemokraten zugeschrieben.[188]

Im April 1991 traf Frank-Walter Steinmeier den damaligen Ministerpräsidenten Gerhard Schröder zum ersten Mal persönlich. Der promovierte Jurist hatte sich für die Stelle als Medienreferent beworben und Schröder, der an Steinmeier das Selbstbewusstsein, das er in ihrem Gespräch ausstrahlte, schätzte, stellte ihn ein.[189] Für Steinmeier war dies der Anfang einer Karriere, die ihn von Hannover über Bonn nach Berlin führen würde. Eine Karriere, die er ohne Ochsentour durch Ortsvereine und Bezirksverbände begann. Für gewöhnlich ist dies Voraussetzung für höhere Weihen, denn in dieser Zeit lernt ein Jungpolitiker die Partei kennen, lernt ihre Lebenswelten und Rituale zu respektieren und auf ihre Befindlichkeiten und Mentalitäten zu achten. Zudem werden in dieser Zeit des Aufstiegs Kontakte geknüpft, Seilschaften und Netzwerke aufgebaut. Dies galt für keine Partei so wie für die SPD.[190] Doch Steinmeier fehlte dieser Werdegang, vielmehr brauchte er einen Förderer, der ihm zum Aufstieg verhalf, ihm Autorität verlieh und sich, wenn nötig, für ihn einsetzte. Denn ohne Netzwerk fehlt es auch an parteipolitischen Rückhalt.

Steinmeier stieg jedoch schnell in der niedersächsischen Staatskanzlei auf. Nach der Neuverhandlung des Staatsvertrages mit dem Norddeutschen

---

[187] Vgl. Jun, Uwe: Koalition mit Grünen – ein „Auslaufmodell"? Regierungen von SPD und Grünen in den Bundesländern, in: Zeitschrift für Parlamentsfragen, Heft 2/1993, S.200-211, S.204.

[188] Vgl. Herres, Volker/Waller, Klaus: Der Weg nach oben. Gerhard Schröder – eine politische Biographie, München 1998, S.95, 100.

[189] Vgl. Steinmeier, Frank-Walter: Mein Deutschland. Wofür ich stehe, a.a.O., S.59.

[190] Vgl. Lütjen, Torben: Frank-Walter Steinmeier – Die Biografie, a.a.O., S.14.

Rundfunk, die im Wesentlichen dem Medienreferenten anvertraut wurde, wuchsen seine Aufgaben auch über diesen Bereich hinaus. Zu Gute kam ihm dabei, dass Schröder seinen Mitarbeitern stets viel Raum ließ. Er war nie ein Mann der Details, gab eher den groben Rahmen vor und kümmerte sich um die Präsentation der Ergebnisse gegenüber der Öffentlichkeit. Zudem legte er keinen Wert auf Hierarchien, wollte er einzelne Probleme näher erläutert haben. Steinmeier und Schröder trafen daher häufiger aufeinander, mit der Zeit bekam er zahlreiche Sonderaufgaben zugewiesen, bis er 1993 zum Büroleiter des Ministerpräsidenten aufstieg.[191]

Im März 1994 siegte Schröder erneut bei den Landtagswahlen. Die SPD gewann 81 der 100 niedersächsischen Wahlkreise direkt. Der Ministerpräsident konnte von nun an auch ohne den grünen Koalitionspartner regieren.[192] Schröder nutzte die Chance, die Eigenständigkeit der eigenen Partei zu demonstrieren und sich selbst noch stärker in den Mittelpunkt zu rücken. Die niedersächsischen Sozialdemokraten erkannten seinen Führungsanspruch an, wählten ihn einen Monat nach der Landtagswahl zum neuen Landesvorsitzenden.[193] Nach dem hervorragenden Wahlsieg konnte Schröder seine Stellung damit erneut festigen.

Begünstigt wurde diese Entwicklung auch durch die Schwäche der Bundespartei, die sich zu Beginn der 1990er Jahre zerstritten präsentierte. Die Niederlage bei der Bundestagswahl 1990, sowie die hohen Verluste bei zahlreichen Kommunalwahlen führten unter dem Parteivorsitzenden Scharping zu einem Kurswechsel.[194] Da die SPD nach der Wiedervereinigung zehn Ministerpräsidenten stellte, war sein erklärtes Ziel, die Regierung über den Einfluss

---

[191] Vgl. ebd., S.39f, 42.

[192] Vgl. Thörmer, Heinz/Einemann, Edgar: Aufstieg und Krise der „Generation Schröder“. Einblicke aus vier Jahrzehnten, Schüren 2007, S.50.

[193] Vgl. Herres, Volker/Waller, Klaus: Der Weg nach oben. Gerhard Schröder – eine politische Biographie, a.a.O., S.112f.

[194] Vgl. Walter, Franz: Die SPD nach der deutschen Vereinigung – Partei in der Krise oder bereit zur Regierungsübernahme?, in: Zeitschrift für Parlamentsfragen, Heft 1/1995, S.85-112, S.88, 91.

der Sozialdemokraten im Bundesrat zu bedrängen. Doch bot er mit diesem Versuch vor allem eine Bühne für Gerhard Schröder, der sie gekonnt nutzte und sich in Szene setzen konnte.[195] Der niedersächsische Ministerpräsident war in der Partei nicht zu bändigen. Er plante seine Karriere mit Hilfe der Medien und nicht über politische Gremien. Er machte Schlagzeilen, zog die Aufmerksamkeit auf sich, nicht selten auf Kosten der Partei und ihren Traditionen.[196] Doch verdrängen konnten sie ihn nicht, denn er war vor allem eines: erfolgreich.

IV.1.2.3 Steinmeier wird Leiter der Staatskanzlei

Nach der Wahl 1994 wurde Steinmeier Leiter der Abteilung „Planung und Richtlinien der Politik". Nur zwei Jahre später folgte er Willi Waike, bis dahin Chef der niedersächsischen Staatskanzlei, in seinem Amt nach.[197] Damit war Steinmeier an der Nahtstelle zwischen Politik und Verwaltung in Niedersachsen angekommen. Er hatte für Durchsetzung der politischen Ziele der Regierung und für den Vollzug der Gesetze Sorge zu tragen. Als Chef der Staatskanzlei nahm er an den Kabinettssitzungen teil und kümmerte sich um die Verbindung zur Fraktion. Er war Informant und Berater des Ministerpräsidenten und gehörte damit zu dessen engsten Führungskreis.[198]

Tatsächlich liefen bei Steinmeier in der Staatskanzlei die Fäden zusammen. Er vermittelte zwischen Ministerpräsident und Ministerien sowie zwischen Regierung und Fraktion. Insbesondere die Einbindung der Fraktion stellte eine Herausforderung dar, denn die Mehrzahl der 83 Abgeordneten des Landtages hatten ihre Wahlkreise direkt gewonnen und fühlten sich nun wie „kleine Könige". Doch Steinmeier begann früh, Kontakte zu den Pragmatikern

195 Vgl. Walter, Franz: Partei der ewigen 70er: Zur Krise der SPD in der Ära Scharping, in: Politische Vierteljahresschrift, Heft 4/1995, S.706-718, S.708.

196 Vgl. Walter, Franz: Die SPD. Vom Proletariat zur Neuen Mitte, Berlin 2002, S.227f, 236.

197 Vgl. Lütjen, Torben: Frank-Walter Steinmeier – Die Biografie, a.a.O., S.42.

198 Vgl. Häußer, Otto: Die Staatskanzleien der Länder. Aufgabe, Funktionen, Personal und Organisation unter Berücksichtigung des Aufbaus der neuen Länder, Baden-Baden 1995, S.98f.

in Fraktion, Ministerien, Opposition und Partei aufzubauen. Tatsächlich gereichte es ihm nun zum Vorteil, dass er weder höhere Parteiämter inne hatte noch an Seilschaften beteiligt war. Auf diese Weise herrschte ihm gegenüber nie Reserviertheit.[199] Darüber hinaus arbeitete er zahlreiche Entscheidungen für Schröder vor. So befasste er sich mit der Vertiefung der Ems zur Rettung der Meyer-Werft in Papenburg oder bereitete die öffentlichkeitswirksame Rettung des Flugzeugwerkes in Lemwerder vor.[200]

Mit der Übernahme jener Aufgaben wurde er für Schröder immer wichtiger, nahezu unverzichtbar. Doch blieb Steinmeiers persönliches Verhältnis zu seinem Chef schwer zu evaluieren. Denn Schröder war kein freundschaftsfähiger Mensch, er pflegte eher ein unsentimentales Verhältnis zu den Menschen seiner Umgebung.[201] Nichtsdestotrotz verbrachten beide auch privat Zeit miteinander. Gemeinsame Abende in der Kneipe „Um die Eck“ waren keine Seltenheit und schließlich war es auch Steinmeier, der Schröders Lebenskrise und Übellaunigkeit nach der gescheiterten Ehe mit Hiltrud Hensen ertrug.[202]

Schröder brauchte indes immer einen kleinen Kreis von Vertrauten um sich herum, die ihm einen Rückzugsort boten, loyal und verschwiegen waren. Dabei hing ihr politischer Aufstieg von Schröder ab, sie verfügten nicht über eine Hausmacht, bekamen ihre Schlüsselstellungen erst mit dem Aufstieg Schröders zum Ministerpräsidenten.[203] Loyalität und Verschwiegenheit lagen in ihrem Interesse, das galt für Hannover ebenso wie für Bonn und Berlin. Wer allerdings tatsächlich zu diesem Kreis gehörte, scheint in der Literatur umstritten zu sein. Zwar beschränkte sich die Größe des Zirkels stets auf vier Personen, aber deren Zugehörigkeit schien zu schwanken. Zwei Personen jedoch

---

199 Vgl. Wallbaum, Klaus: Das Geheimnis seiner Kraft ist reine Psychologie, in: General-Anzeiger Bonn, 30.06.1999.

200 Vgl. Lütjen, Torben: Frank-Walter Steinmeier – Die Biografie, a.a.O., S.43.

201 Vgl. ebd., S.44.

202 Vgl. Schütz, Hans Peter: Aktenfresser statt Sprücheklopfer, in: Stern, 01.07.1999.

203 Vgl. Wallbaum, Klaus: Wer steht hinter Schröder?, in: Stuttgarter Freie Presse, 14.10.1997.

waren immer dabei: seine Büroleiterin Sigrid Krampitz und eben Frank-Walter Steinmeier.[204]

Letzterer „regierte“ in Hannover auch relativ selbstständig, als Schröder wegen des Bundestagswahlkampfes 1998 die Geschäfte in Niedersachsen ruhen lassen musste. Zwar leitete der damalige Innenminister Gerhard Glogowski die Kabinettssitzungen, doch liefen bei Steinmeier die Fäden zusammen. Er handelte als Schröders Statthalter und sorgte dafür, dass seine Abwesenheit nahezu unbeachtet blieb.[205] Damit hatte er sich bereits in Niedersachsen bewährt. Als Chef der Staatskanzlei übte er bereits ein Amt aus, das dem des Bundeskanzleramtschefs sehr ähnlich ist, während sein Verhältnis zu Schröder schon damals äußerst eng war.

IV.1.2.4 Lehrjahre im Bundeskanzleramt

Der Wahlsieg bei der Bundestagswahl war schließlich nicht nur eine Abwahl Kohls, sie war auch nicht allein Schröders medialen Inszenierungen zu verdanken, vielmehr gelang der SPD mit der Zusammenarbeit von Schröder und Lafontaine unterschiedliche Wählerschichten anzusprechen. Während Lafontaine die sozialdemokratischen Stammwähler mobilisierte, gelang dies Schröder vor allem mit den Grenzschichten zwischen Union und SPD.[206]

Mit der Kabinettsbildung warf der neue Bundeskanzler Gerhard Schröder seinen langjährigen Mitstreiter Steinmeier erstmalig zurück. Zwar nahm Schröder langgediente Mitarbeiter aus der Hannoveraner Zeit, 20 zogen von der Leine an den Rhein, mit nach Bonn, jedoch wurde wider erwarten nicht Steinmeier Chef des Bundeskanzleramtes. Dies war insofern überraschend als das Bundeskanzler, insbesondere zu Beginn ihrer Amtszeit, sensible Positionen eher mit langjährigen Vertrauten besetzen, mit denen sie bereits eng zu-

---

204 So finden sich unterschiedliche Darstellungen in: Lütjen, Torben: Frank-Walter Steinmeier – Die Biografie, a.a.O., S.46; Herres, Volker/Waller, Klaus: Der Weg nach oben. Gerhard Schröder – eine politische Biographie, a.a.O., S.221; Steinmeier, Frank-Walter: Mein Deutschland. Wofür ich stehe, a.a.O., S.67.

205 Vgl. Lütjen, Torben: Frank-Walter Steinmeier – Die Biografie, a.a.O., S.46.

206 Vgl. Walter, Franz: Die SPD. Vom Proletariat zur Neuen Mitte, a.a.O., S.254.

sammengearbeitet haben. Stattdessen aber wurde Bodo Hombach der neue Chef des Bundeskanzleramtes. Der Sozialwissenschaftler verhalf bereits Johannes Rau in Nordrhein-Westfalen zu dessen Mehrheiten und unterstützte auch Schröder während des Wahlkampfes. Zudem war er wie Schröder ein sozialer Aufsteiger, der sich von ganz „unten" hoch gearbeitet hatte. Er leitete von nun an die Regierungszentrale und degradierte damit Steinmeier zum dritten Mann hinter sich.[207]

Tatsächlich kann der Aufstieg Steinmeiers und sein anfängliches Wirken als Chef des Bundeskanzleramtes nicht ohne die Person Bodo Hombachs verstanden werden. Denn der stämmige Westfale bildete in vielen Gesichtspunkten das genaue Gegenteil von Steinmeier. Schröder wählte ihn aus, weil er durchsetzungsstark war. Er sollte den Einfluss Lafontaines, der nicht nur Parteivorsitzender sondern auch „Superminister" war, eindämmen. Außerdem wollte Schröder einen „programmatischen Schrittmacher", einen „spin-doctor", der nicht nur Koordinator war, sondern auch in der Öffentlichkeit wirken konnte.[208] Schröder schien dies eher Hombach als Steinmeier zuzutrauen. Tatsächlich profilierte sich der Sozialwissenschaftler bereits in seiner Zeit in Nordrhein-Westfalen als Modernisierer und Reformer. Er kritisierte die deutsche „Malefiz-Gesellschaft", in der lieber blockiert als reformiert werde,[209] und forderte eine Erneuerung der SPD, die sich an Tony Blair und dessen Konzept von „New Labour" orientieren sollte.[210] In der SPD indes stießen diese Äußerungen auf Widerstand, drohte er doch mit seinen Vorstellungen zahlreiche traditionelle sozialdemokratische Werte zu „begraben". Hombach kritisierte den Sozialstaat als zu teuer, forderte eine stärkere Eigenbeteiligung der Bürger und eine stärkere Radikalität in der Wirtschaftspolitik der Partei.[211]

---

207 Vgl. Lütjen, Torben: Frank-Walter Steinmeier – Die Biografie, a.a.O., S.49ff.

208 Vgl. ebd., S.52f.

209 Vgl. Jakobs, Walter: Vor Tabus nicht zurückschrecken, in: Die Tageszeitung, 12.03.1997, S.18.

Vgl. Hombach, Bodo: Politik lebt vom Hoffen – nicht vom Jammern, in: Die Zeit, 10.01.1997, S.8.

211 Vgl. o.V.: Man kennt sich, man duzt sich, in: Der Spiegel, 12.10.1998, S.22.

Die Bilanz der ersten 100 Tage der neuen Bundesregierung fiel unterdessen äußerst schlecht aus. Dies lag einerseits an dem noch immer ungelösten Machtkonflikt zwischen Schröder und Lafontaine, an dessen Ende schließlich der Rücktritt Lafontaines im März 1999 stehen sollte, andererseits gelang es der Regierung nicht, einen klaren Kurs festzulegen. Dies lag nicht unwesentlich an der mangelhaften Koordinierung im Bundeskanzleramt. Viele der neu eingestellten Sozialdemokraten in der Regierungszentrale mussten mit den Bonner Mechanismen zunächst umzugehen lernen. Überwiegend kamen sie aus Niedersachsen oder Nordrhein-Westfalen, kannten sich in Bonn nicht aus. Die Kontakte in Partei und Fraktion mussten erst noch geknüpft, Zuordnungen und Positionen gefunden werden.[212] Darüber hinaus versuchte Kanzleramtschef Hombach, anstatt seinen Aufgaben als Leiter der Regierungszentrale nachzukommen, die Partei weiter auf seinen Erneuerungskurs zu bringen.

Schröder ließ ihn indes gewähren.[213] Mit der Vorstellung des „Schröder-Blair-Papiers" im Juni 1999 hatte Hombach schließlich die Grenze überschritten. Das Papier war eine Zusammenschau der bis dahin von Hombach geforderten Reformen und stellte einen Bruch mit den sozialdemokratischen Traditionen dar. Erschwerend kam hinzu, dass es allein in der Regierung, ohne die Beteiligung der Partei, ausgearbeitet wurde und nun, gewissermaßen von „oben", durchgesetzt werden sollte.[214] Damit verwischte Hombach die Identität der SPD, Orientierungslosigkeit und Verunsicherung waren die Folge.[215] Hombach war bei den Sozialdemokraten aber ohnehin nicht sonderlich beliebt. Er arbeitete nicht geräuschlos und kümmerte sich zu wenig um die Partei,[216]

---

212 Vgl. Meng, Richard: Es folgt die Operation Maulkorb, in: Frankfurter Rundschau, 24.02.1999, S.3

213 Vgl. Lütjen, Torben: Frank-Walter Steinmeier – Die Biografie, a.a.O., S.56.

214 Vgl. Oeltzen, Anne-Kathrin/Forkmann, Daniela: Charismatiker, Kerner und Hedonisten. Die Parteivorsitzenden der SPD, in: Forkmann, Daniela/Schlieben, Michael: Die Parteivorsitzenden der Bundesrepublik, Deutschland 1949-2005, a.a.O., S.64-118, S.48.

215 Vgl. Fischer, Susanne/Knaup, Horand/Leinemann, Jürgen: Die weichste Stelle der Partei, in: Der Spiegel, 06.12.1999, S.38.

216 Vgl. Buhl, Dieter: Der Ketzer im Kanzleramt, in: Die Zeit, 18.03.1999, S.10.

war darüber hinaus nie Mitglied der Fraktion, die er daher nicht kannte und nur mangelhaft einband.[217] Dies galt ebenso für den Koalitionspartner. Fischer und Trittin beschwerten sich bereits frühzeitig über das chaotische Vorgehen Hombachs,[218] der auch versäumte, den Kontakt zu den Grünen zu pflegen. So erfuhren sie nur durch Zufall, dass das Finanzministerium bereits im November 1998 über einen Entwurf für eine Ökosteuer verfügte.[219] Aus diesem Grund wurde Hombach häufig umgangen, wenn es etwas mit Schröder zu besprechen gab. Stattdessen wandte man sich, wie es beispielsweise der damalige Fraktionsvorsitzende der Grünen, Rezzo Schlauch, tat, an Frank-Walter Steinmeier, der nach wie vor nur Staatssekretär war.[220] Denn Steinmeier war sympathisch, stets ruhig, ausgeglichen und freundlich, während Hombachs Stimmung stets schwankte. Ebenso wie Steinmeier wurde er respektiert, doch nicht gemocht.[221] Zudem war Hombach häufig im Namen des Kanzlers unterwegs, sollte Sonderaufgaben für ihn erfüllen.[222] Steinmeier indes kümmerte sich um die Tagesgeschäfte, koordinierte, organisierte und löste Konflikte. Er war zunehmend der heimliche Chef im Bundeskanzleramt und übernahm die wichtigen Aufgaben selbst. So leitete er die rot-grüne Arbeitsgruppe zur Gesundheitsreform und vertrat Schröder in der Runde um Finanzminister Eichel, in der der Finanzplan der kommenden Jahre erarbeitet werden sollte.[223]

Bereits mit Lafontaines Ausscheiden drängte die Parteilinke auf den Rücktritt Hombachs. Wie Lafontaine selbst machten auch sie ihn für den Rücktritt des Parteivorsitzenden verantwortlich. Denn der Kanzleramtschef

---

217 Vgl. Funk, Albert/Wallbaum, Klaus: Fäden ziehen, Brandherde löschen, in: Der Tagesspiegel, 25.06.1999.

218 Vgl. Brüning, Nicola et al.: Vater des Chaos, in: Focus, 01.03.1999, S.24.

219 Vgl. Deupmann, Ulrich: „Wir mussten mit Starproblemen rechnen. Jetzt sind sie da.“, in: Berliner Zeitung, 24.11.1998, S.2.

220 Vgl. Casdorff, Stephan-Andreas: Kanzler des Normalfalls, in: Stuttgarter Zeitung, 11.12.1998, S.3.

221 Vgl. Franz, Markus: Das Krokodil im Kanzleramt, in: Die Tageszeitung, 23.02.1999, S.7.

222 Vgl. Perger, Werner A.: „Das alles ist kein Spaß mehr“, in: Die Zeit, 25.02.1999, S.5.

223 Vgl. Hartwig, Gunther: Stratege contra Graue Eminenz: Hauskrach bei Schröder lässt Regierungsmotor stottern, in: Stuttgarter Nachrichten, 26.05.1999, S.3.

verfügte über sehr gute Kontakte zu den Medien, streute daher nicht selten Boshaftigkeiten und Indiskretionen über den „Superminister“.[224] Dies und sein Unvermögen, die Regierungszentrale adäquat und vor allem geräuschlos zu leiten, führten letztendlich zum Ausscheiden Hombachs aus dem Amt.

Er war nicht in der Lage, seine Reformpläne umzusetzen. Hombach überschätzte die Eigendynamik seiner Ideen, berücksichtigte nicht, dass sie in der traditionsfixierten SPD nicht erwünscht waren. Er hatte es versäumt, bereits vor seiner Zeit als Chef des Bundeskanzleramtes, aber auch als Leiter der Regierungszentrale, ein Netzwerk von Reformanhängern in Bund und Ländern aufzubauen.[225]

Mit dem Ausscheiden Hombachs wurde die Balance im Schröderschen Küchenkabinett wieder hergestellt. Der Westfale hatte dieses seit Jahren eingespielte und krisentaugliche Team gestört, in dem Steinmeier als primus inter pares auftrat.[226] Ohnehin war Hombach zu laut, drängte zu sehr in die Öffentlichkeit, moderierte nicht und nahm keine Rücksicht. Steinmeier hingegen legte keinen Wert auf mediale Präsenz. Er blieb im Schatten, arbeitete diskret und loyal im Hintergrund.[227] Schon deshalb musste der Nachfolger Hombachs Frank-Walter Steinmeier heißen. Von ihm erhofften sich Fraktion, Partei und Ministerien bessere Zusammenarbeit und stärkere Einbindung. Die chaotischen Monate unter Hombach sollten endlich ein Ende haben.[228]

---

224 Vgl. Walter, Franz: Charismatiker und Effizienzen. Porträts aus 60 Jahren Bundesrepublik, a.a.O., S.285.

225 Vgl. Hübner, Rainer: Hombachs Verlust an Glaubwürdigkeit, 01.06.1999, S.150.

226 Vgl. Lütjen, Torben: Frank-Walter Steinmeier – Die Biografie, a.a.O., S.57.

227 Vgl. Meng, Richard: Diskreter Jurist. Frank-Walter Steinmeier wird das Kanzleramt leiten, in: Frankfurter Rundschau, 26.06.1999, S.4.

228 Vgl. Meng, Richard: Sehnsucht der SPD nach Ruhe, in: Frankfurter Rundschau, 30.06.1999, S.5.

IV.1.3 Der Aufstieg des politischen „Allrounders" – Thomas de Maizière

IV.1.3.1 Lehrjahre in Berlin und Mecklenburg-Vorpommern

Im Januar 1954 wurde Thomas de Maizière als Sohn des damaligen Generalinspekteurs der deutschen Bundeswehr, Ulrich de Maizière, in eine preußisch-hugenottischen Familie geboren. Familiensinn, Traditionsbewusstsein und Pflichtgefühl bildeten wesentliche Bestandteile seiner Erziehung und hatten prägenden Einfluss auf den Westfalen.[229] Trotz seines Eintritts in die CDU 1971 schien er, ebenso wie Steinmeier, nicht sonderlich engagiert gewesen zu sein.[230] Erst 1983 wird er auf Empfehlung Friedbert Pflügers, den de Maizière bereits aus Studientagen kannte, Redenschreiber bei Richard von Weizsäcker, dem regierenden Bürgermeister von Berlin.[231]

Erst am 21.03.1981 wurde von Weizsäcker zum Landesvorsitzenden der Berliner CDU gewählt, die er nur einen Monat später in die Regierungsverantwortung führte. Bis 1984 setzte er sich für die Erneuerung der Stadt ein, bevor er in das Amt des Bundespräsidenten gewählt wurde.[232] Unter seinem Nachfolger, Eberhard Diepgen, leitete de Maizière nun zunächst das Grundsatzreferat der Senatskanzlei, bevor er Sprecher der Berliner CDU und der Regierungsfraktion im Abgeordnetenhaus wurde.[233] Nach der Abwahl Diepgens half er seinem Vetter Lothar de Maizière beim Aufbau des Ministerpräsidentenamtes einer frei gewählten DDR-Regierung.[234] Noch am Tag der Volkskammerwahl am 18.03.1990 traf de Maizière auf die spätere Bundeskanzlerin

---

229 Vgl. Berg, Stefan/Wassermann, Andreas/Winter, Steffen: „Blut ist dicker als Wasser", in: Der Spiegel, 24.10.2005.

230 Vgl. Bannas, Günter: Wenn es auf Gesichtswahrung ankommt, in: Frankfurter Allgemeine Zeitung, 13.03.2006, S.4.

231 Vgl. Löwisch, Georg: Der Abkühler, in: Die Tageszeitung, 09.01.2006, S.5.

232 Vgl. Filmer, Werner/Schwan, Heribert: Richard von Weizsäcker, Düsseldorf/Wien/New York, 2. Aufl. 2009, S.168.

233 Vgl. o.V.: Dr. Thomas de Maizière: Koordinator MPK-Ost, Pressemitteilung der Sächsischen Staatsregierung, 28.01.1999.

234 Vgl. Burger, Reiner: Ein Gefühl der Loyalität, in: Frankfurter Allgemeine Zeitung, 18.10.2005, S.3.

Angela Merkel, die sich auf der Wahlfeier der Ost-CDU begeben hatte und dort den ihr völlig unbekannten de Maizière erstmalig ansprach. Ob er letztendlich derjenige war, der Merkel für das Amt der stellvertretenden Regierungssprecherin vorschlug, wird aus der Literatur nicht hinreichend deutlich.[235] Merkel-Biograph Wolfgang Stock jedenfalls hält eher Hans-Christian Maaß dafür verantwortlich. Ihn hatte Merkel durch Zufall während ihrer Arbeit beim Demokratischen Aufbruch (DA) kennen gelernt, als Maaß in seiner Funktion als Sprecher des CSU-Bundesministers Jürgen Warnke in der Zentrale des DA auf sie traf. Nachdem er Berater für die Pressearbeit bei der neu gewählten DDR-Regierung wurde, war er es, der Merkel für das zu besetzende Amt vorgeschlagen hatte, so Stock.[236]

Zwar entwickelte sich wegen den täglichen Begegnungen zwischen Merkel und de Maizière ein vertrauter Kontakt,[237] doch währte die Zusammenarbeit nicht lange, da bereits im Dezember 1990 der erste gesamtdeutsche Bundestag gewählt wurde.[238] Merkel wurde Mitglied des Bundeskabinetts, während de Maizière unter Oswald Wutzke, ebenfalls ein ehemaliges Mitglied der DDR-Regierung, als Staatssekretär in das Kultusministerium von Mecklenburg-Vorpommern wechselte.[239]

Eine Koalition aus CDU und FDP hatte hier im Oktober 1990 eine knappe Mehrheit erhalten, die jedoch alles andere als stabil war. Zu den innerparteilichen Spannungen der CDU traten persönliche Konflikte innerhalb des Kabinetts sowie Spannungen zwischen der Landesregierung und den Regierungs-

---

235 Vgl. Schmale, Holger: Eine deutsche Familie. Die de Maizières und ihr Weg im Osten und Westen, in: Berliner Zeitung, 19.10.2005.

236 Vgl. Stock, Wolfgang: Angela Merkel. Eine politische Biografie, München 2000, S.24, 31.

237 Vgl. Schneider, Jens: Thomas de Maizière. Merkels Vertrauter und künftiger Kanzleramtsminister, in: Süddeutsche Zeitung, 18.10.2005, S.4.

238 Vgl. Stock, Wolfgang: Angela Merkel. Eine politische Biografie, a.a.O., S.37.

239 Vgl. Berg, Stefan/Wassermann, Andreas/Winter, Steffen: „Blut ist dicker als Wasser", a.a.O.

fraktionen.[240] Erst unter Angela Merkel, die im Mai 1993 zur neuen Landesvorsitzenden in Mecklenburg-Vorpommern gewählt wurde, kam der Landesverband allmählich zur Ruhe.[241] Mit der Landtagswahl im Oktober 1994 gelangte die christlich-liberale Koalition an ihr Ende, da die FDP an der 5%-Hürde scheiterte. Stattdessen bildete sich eine Große Koalition, die ebenso von Spannungen und Konflikten geprägt war.[242] Für de Maizière war die Große Koalition jedoch von Vorteil. Da die bisherige Leiterin der Staatskanzlei, Gabriele Wurzel, der SPD nicht vermittelbar war, rückte er in diese Position auf.[243] Damit begann eine erneute intensive Zusammenarbeit zwischen Merkel und de Maizière. Beide kannten sich bereits, waren demnach geradezu prädestiniert, die Abstimmung zwischen Partei und Landesregierung zu übernehmen.[244] In der Koalition traten beide als Vermittler zwischen den Konfliktparteien auf[245] und pflegten einen engen Kontakt zueinander, der laut de Maizière zur Herausbildung einer Vertrauensbasis zwischen beiden führte.[246] Mit dem Ende der Großen Koalition 1998 endete schließlich auch deren erneute Zusammenarbeit.

IV.1.3.2 Die Parteivorsitzende Merkel auf ihrem Weg zur Kanzlerschaft

Im Folgenden soll der Aufstieg der Parteivorsitzenden Angela Merkel dargestellt werden, an dessen Ende sie in das Bundeskanzleramt einzog. Die Darstellung soll die Veränderungen der CDU in den Jahren der Opposition, sowie die Machtübernahme Merkels skizzieren. Beides bildet den Ausgangspunkt für die spätere Kanzlerschaft.

---

240 Vgl. Grabow, Karsten: Das Parteiensystem Mecklenburg-Vorpommerns, in: Jun, Uwe/Haas, Melanie/Niedermayer, Oskar (Hrsg.): Parteien und Parteiensysteme in den deutschen Ländern, Wiesbaden 2008, S.265-290, S.267f.

241 Vgl. Stock, Wolfgang: Angela Merkel. Eine politische Biografie, a.a.O., S.73.

242 Vgl. Grabow, Karsten: Das Parteiensystem Mecklenburg-Vorpommerns, a.a.O., S.268f.

243 Vgl. von Altenbockum, Jasper: Verwandt, in: Frankfurter Allgemeine Zeitung, 12.04.1995.

244 Vgl. Interview mit Stephan Beemelmans

245 Vgl. Burger, Reiner: Ein Gefühl der Loyalität, in: Frankfurter Allgemeine Zeitung, a.a.O.; Stock, Wolfgang: Angela Merkel. Eine politische Biografie, a.a.O., S.75.

246 Vgl. o.V.: „Zeit der Inszenierung ist vorbei“, in: Freie Presse Chemnitz, 24.12.2005, S.4.

Die Abwahl Kohls als Bundeskanzler 1998 setzte nicht unmittelbar seinem Einfluss ein Ende. Zwar ging der Parteivorsitz ungehindert auf Schäuble über, doch blieb Kohl Ehrenvorsitzender der CDU und damit auch Teilnehmer an den Sitzungen des Parteipräsidiums. Dadurch und durch sein nach wie vor vorhandenes Netzwerk in der Partei blieb ein Großteil seiner Führungsrolle erhalten. Schäuble gelang es zwar, die Geschlossenheit der Partei in der Opposition zu erhalten, doch ein Helmut Kohl in seinen besten Jahren als Parteivorsitzender war er freilich nicht.[247]

Unter dem noch ungebrochenen Einfluss des Alt-Kanzlers, begünstigt durch die christdemokratischen Landtagswahlerfolge und den Fehlern der rot-grünen Regierung, war es kaum möglich, die gemachten Fehler der Ära Kohl zu reflektieren, Aufarbeitung oder gar Veränderungen anzustoßen.[248] Erst mit der allmählichen Offenlegung des Spendenskandals um Helmut Kohl ab November 1999 erfolgte ein Bruch mit dessen Ära. Diesen Bruch hervorrufend und gleichermaßen davon profitierend, war das Resultat eines in der Frankfurter Allgemeinen Zeitung veröffentlichten Artikels der damaligen Generalsekretärin Angela Merkel. Sie forderte die klare Trennung von ihrem einstigen Protegé und beendete damit auch Wolfgang Schäubles Parteivorsitz. Dessen Verhältnis zu Kohl war nun endgültig zerrüttet, nahm dieser doch an, dass Merkel ihren Artikel, wie es ihre Pflicht gewesen wäre, mit Schäuble abgestimmt hatte. Dies war jedoch nicht der Fall. Schäuble verlor den Parteivorsitz, weil sein innerparteilicher Rückhalt, nicht zuletzt auch wegen dem Bekanntwerden möglicher Verstrickungen in den Spendenskandal, nicht mehr ausreichte, um diese Position zu halten. In Folge dieser Entwicklung wurde Merkel selbst im April 2000 zur Parteivorsitzenden gewählt.[249]

Mit der Übernahme des Parteivorsitzes profitierte Merkel nun von ihrer nicht westdeutschen Vergangenheit. Ihr fehlten die Verankerung in der Partei, die über Jahre gewachsene Kenntnis von den Strukturen, die Netzwerke und

---

247 Vgl. Bösch, Frank: Macht und Machtverlust. Die Geschichte der CDU, a.a.O., S.148f.

248 Vgl. Bösch, Frank/Brandes, Ina: Die Vorsitzenden der CDU. Sozialisation und Führungsstil, a.a.O., S.55.

249 Vgl. Langguth, Gerd: Kohl, Schröder, Merkel. Machtmenschen, a.a.O., S.373ff.

Seilschaften. Doch genau hieraus zog sie ihre Stärke. Sie beanspruchte für sich mit dem bestehenden „verfilzten westdeutschen Parteiherrschaftssystem“ brechen zu wollen, legitimierte sich stattdessen auf Regionalkonferenzen über die Parteibasis und erhielt Zustimmung bei Frauenunion und JU.[250]

Mit der Zeit entwickelte sich jedoch Kritik an ihrem Führungsstil. Sie hielt eine gemeinsame Linie offen, bündelte nicht wie Kohl.[251] Sie versäumte es, einflussreiche Parteimitglieder einzubinden,[252] entschied lieber innerhalb ihres kleinen Zirkels, dem so oft zitierten „Girlscamp“, bestehend aus ihrer Büroleiterin Beate Baumann, der Pressesprecherin Eva Christiansen, der damaligen baden-württembergischen Kultusministerin Anette Schavan, der JU-Chefin Hildegard Müller und letztlich ihr selbst. Innerhalb der Partei klagte man bereits über Exklusivität und Abschottung im Umkreis von Merkel.[253] Nun machte sich auf negative Weise bemerkbar, dass ihr Hausmacht und Wahlsiege fehlten, sie mithin keine weiteren Ämter inne hatte als den Parteivorsitz.

Dabei konnte sie sich Führungsschwäche überhaupt nicht leisten, denn die innerparteiliche Konkurrenz wurde immer größer. Insbesondere einzelne Ministerpräsidenten, wie Koch, Müller oder Wulff, stellten für Merkel eine erhebliche Gefahr dar. Denn im Gegensatz zu ihr sind sie in der Partei verwurzelt, verfügen über Hausmacht und Seilschaften und entsprechen dem christdemokratischen Habitus.[254] Und auch die Fraktion mit ihrem Vorsitzenden Friedrich Merz konnte Merkel nicht unter ihre Kontrolle bringen. Damit fehlten ihr ein Führungsapparat und zugleich die Möglichkeiten, über die Vergabe von Posten Loyalitäten zu gewinnen. Der Streit um die Kanzlerkandidatur mit

250 Vgl. Schlieben, Michael: Politische Führung in der Opposition. Die CDU nach dem Machtverlust 1998, Wiesbaden 2007 , S.56f.

251 Vgl. Bösch, Frank: Macht und Machtverlust. Die Geschichte der CDU, a.a.O., S.152.

252 Vgl. Schlieben, Michael: Politische Führung in der Opposition, Die CDU nach dem Machtverlust 1998, a.a.O., S.56f.

253 Vgl. Nelles, Roland: Merkels Girlscamp, in: Die Welt, 09.04.2001, S.3.

254 Vgl. Schlieben, Michael: Politische Führung in der Opposition. Die CDU nach dem Machtverlust 1998, a.a.O., S.74.

Edmund Stoiber im Jahr 2002 schwächte sie zunächst noch zusätzlich, jedoch gelang es ihr, nach dem Verzicht auf die Kandidatur, erste Netzwerke zu schmieden.[255] Nach der verlorenen Bundestagswahl übernahm sie von Merz den Fraktionsvorsitz, begann mit der Umstrukturierung der Fraktion und band innerparteiliche Kritiker, wie den Südbadener Volker Kauder, durch Ämtervergabe ein.[256] Mit den zahlreichen Rücktritten 2004, zu denen auch Friedrich Merz und der Generalsekretär Laurenz Meyer gehörten, konnte Merkel die personelle Erneuerung der Fraktion fortsetzen und in den bedeutenden Positionen Vertraute einsetzen.[257] Der Fraktionsvorsitzende, der Parlamentarische Geschäftsführer und der Generalsekretär, mithin die wichtigsten Positionen in Parlament und Partei, waren nunmehr junge, aber vor allem loyale Unterstützer Merkels, denen es an Profil mangelte und deren Karrieren gleichzeitig von der Partei- und Fraktionsvorsitzenden abhingen. Einflussreiche und profilierte Politiker der Union, wie Merz, Schäuble oder Seehofer konnte sie entmachten oder drängte sie zurück.[258] Zudem war es ihr mittlerweile gelungen, ihr Netzwerk erheblich auszudehnen. Ähnlich wie Kohl erhielt sie nun auch Informationen aus Sitzungen von Bezirksvorständen oder telefonierte vor den Präsidiumssitzungen nötige Mehrheiten zusammen.[259]

IV.1.3.3 Ministerkarriere in Sachsen

Während Merkels Weg nach Bonn bzw. Berlin führte, blieb de Maizière in der Landespolitik. Der Kontakt zu Merkel blieb aber stets erhalten. So war er es

---

255 Vgl. Bösch, Frank/Brandes, Ina: Die Vorsitzenden der CDU. Sozialisation und Führungsstil, a.a.O., S.58ff.

256 Vgl. Schlieben, Michael: Politische Führung in der Opposition. Die CDU nach dem Machtverlust 1998, a.a.O., S.82f.

257 Vgl. Pache, Timo/Hulverscheidt, Klaus: Merkels Welt, in: Financial Times Deutschland, 02.09.2005, S.32.

258 Vgl. o.V.: Merkels Boygroup, Financial Times Deutschland, 25.01.2005, S.27.

259 Vgl. Köttker, Verena/Krumrey, Henning: Königin der Macht, in: Focus, 05.07.2004, S.20.

beispielsweise, der Merkel über die Föderalismusgespräche ab 2003 auf dem Laufenden hielt.[260]

Der sächsische Ministerpräsident Kurt Biedenkopf hatte de Maizière 1999 aus Schwerin nach Dresden geholt, wo er zunächst mit den Vorbereitungen für den Solidarpakt II betraut wurde, bevor er die Leitung der Staatskanzlei übernahm.[261] Schnell stieg er zum Vertrauten des Regierungschefs auf, vertrat ihn sogar bei der Grundsatzdebatte für den Doppelhaushalt 2001/2002, was zur damaligen Zeit ein einmaliger Vorgang war und als Anzeichen dafür galt, dass de Maizière Biedenkopf nachfolgen könnte.[262] Die Nachfolge des Ministerpräsidenten war jedoch ursprünglich Georg Milbradt versprochen worden, der bereits seit 1990 Finanzminister unter Biedenkopf war und sie bereits 1999 antreten sollte. Biedenkopf weigerte sich jedoch, das Amt zu übergeben, entließ Milbradt 2001 aus seinem Amt und machte stattdessen de Maizière zum neuen Finanzminister. Milbradt gab jedoch nicht nach, errang im September 2001 den Parteivorsitz und wurde im April 2002 zum neuen Ministerpräsidenten gewählt.[263] Bis zur Übernahme des Ministerpräsidentenamtes durch Milbradt galt auch de Maizière als Kandidat für die Nachfolge.[264] Er wartete jedoch ab, gab später preis, dass es nicht seinem Verständnis von Loyalität entsprochen hätte, wenn er einen Beitrag zum Sturz des Ministerpräsidenten geleistet hätte.[265] Da Milbradt den Biedenkopf-Vertrauten de Maizière aufgrund der noch immer zahlreichen Anhänger des früheren Regierungschefs nicht entlassen konnte, „degradierte" er ihn zum Justizminister. Auch dieses Amt füllte de Maizière, trotz des neuen Vorgesetzten, loyal und mit vollem Einsatz aus.[266] Ob sein zögerliches Verhalten bei der Nachfolgerfrage tatsächlich Ausdruck

---

260 Vgl. Kässner, Frank/Müller, Uwe: Merkels Duzfreund, in: Die Welt, 18.10.2005, S.2.

261 Vgl. Burger, Reiner: Ein Gefühl für Loyalität, in: Frankfurter Allgemeine Zeitung, a.a.O.

262 Vgl. Klameth, Steffen: Eine Bilderbuch-Karriere, in: Sächsische Zeitung, 31.01.2001, S.3.

263 Vgl. Partzelt, Werner J.: Die CDU in Sachsen, in: Demuth, Christian/Lempp, Jakob(Hrsg.): Parteien in Sachsen, Berlin/Dresden 2006, S.87-119, S.96f.

264 Vgl. Saft, Gunnar: Der neue Plan C, in: Sächsische Zeitung, 13.12.2002, S.6.

265 Vgl. Löwisch, Georg: Der Abkühler, a.a.O.

266 Vgl. Saft, Gunnar: Der neue Plan C, a.a.O.

seines Talents, zwischen den Fronten lavieren zu können, ist, wie die Neue Züricher Zeitung befand, kann bezweifelt werden.[267] Wahrscheinlicher ist, dass er zögerte, weil ihm die Kaltschnäuzigkeit und Risikobereitschaft eines Parteipolitikers fehlten. Eigenschaften, die er aber auch während seines Aufstiegs in den Exekutiven der neuen Länder nicht entwickeln konnte. Stattdessen mied er das Risiko einer Kampfkandidatur gegen Milbradt. Denn dessen Anhänger wurden mit fortschreitender Amtszeit Biedenkopfs immer zahlreicher,[268] während de Maizière in der sächsischen CDU nie stark verankert war. Dort galt er als zu preußisch, wurde aufgrund seines rhetorischen Talents und seines Intellekts beneidet und mit Misstrauen bedacht, war zudem noch immer ein Westdeutscher[269] und bisher stets berufen, aber niemals gewählt worden. Dies änderte sich erst mit der Landtagswahl im September 2004, in der er für die CDU einen Wahlkreis gewann, in den Landtag einzog und Innenminister wurde.[270]

IV.1.3.4 Nicht die erste Wahl

Thomas de Maizière hatte demnach bereits umfassende Erfahrung im Bereich der Exekutive, war ein Fachmann für die Verwaltung und in zahlreichen Themengebieten bewandert. Warum aber berief ihn Merkel im Oktober 2005 zum Chef des Bundeskanzleramtes, hatten sie doch „bisher nie irgendwo unter einem Dach zusammengearbeitet"?[271] Bereits bei Steinmeier ist deutlich geworden, dass ein enges Vertrauensverhältnis zwischen Kanzler und Kanzleramtschef bestehen sollte. Dies schien bei Merkel und de Maizière gegeben, kannten sie sich doch bereits seit der Wiedervereinigung und hielten seit dem

---

267 Vgl. o.V.: Eine solide Stütze für Angela Merkel, in: Neue Züricher Zeitung, 20.10.2005, S.4.

268 Vgl. Schmiese, Wulf: Ende einer Dynastie, in: Die Welt, 01.02.2001, S.3.

269 Vgl. Honnigfort, Bernhard: Kanzleramt, in: Frankfurter Rundschau, 18.10.2005.

270 Vgl. Ellmers, Frank: Der richtige Mann zur rechten Zeit, in: Associated Press Worldstream, 17.10.2005.

271 Vgl. Karutz, Hans-Rüdiger: Vom Rathaus Schöneberg zu Merkel ins Kanzleramt, in: Welt am Sonntag, 30.10.2005, S.1.

steten Kontakt zu einander. Als „Allrounder“ und politischer Freund Merkels schien er geradezu eine Idealbesetzung für die Regierungszentrale zu sein.[272]

De Maizière war jedoch nur dritte Wahl. Merkel hatte zuvor bereits Erwin Huber „befördern“ wollen, was Stoiber allerdings ablehnte. Längerfristig im Gespräch war zudem Norbert Röttgen, zur damaligen Zeit 1. Parlamentarischer Geschäftsführer, Vertrauter Merkels, aber vor allem Mitglied des starken nordrhein-westfälischen Landesverbandes. Zum großen Missfallen des Ministerpräsidenten Rüttgers fiel die Wahl jedoch nicht auf Röttgen. Denn Merkel bedurfte für die spätere Regierungsarbeit auch erfahrener Mitarbeiter, die in ihrem Kreis doch recht junger Vertrauter, zu denen auch der Fraktionsgeschäftsführer gehörte, nicht zu finden waren.[273] De Maizière hatte die nötige Erfahrung, konnte zudem als ostdeutsches Gegengewicht zum sozialdemokratischen Leipziger Oberbürgermeister Tiefensee fungieren, wie es die CDU in den neuen Ländern lange gefordert hatte.[274]

Für Angela Merkel schien indes das Funktionieren der persönlichen Zusammenarbeit am wichtigsten zu sein. Bereits 1993 sagte sie: „Wenn man das Recht hat, einen persönlichen Mitarbeiter auszuwählen, da geht es darum, kann man mit dem Menschen ganz persönlich zusammenarbeiten […]“.[275] Dies wird auch aus dem Umfeld Merkels und de Maizières bestätigt. Beide kennen sich bereits lange, wissen um ihre Leistungspotentiale und sind in der Lage zusammen zu arbeiten. Sie sind sich zudem in Vita und Habitus sehr ähnlich. Denn beide wurden nicht in der Partei sozialisiert, umgingen die Ochsentour, haben ein anderes Verständnis von Pflichterfüllung und Loyalität und sind

---

[272] Vgl. Sigmund, Thomas./Rinke, Andreas: Merkels Mann hinter den Kulissen, in: Handelsblatt, 18.10.2005, S.3.

[273] Vgl. Möller, Johann Michael: Es wird der Kanzlerin nicht ergehen wie Klinsmann mit seiner Fohlentruppe, in: Die Welt, 18.10.2005, S.4.

[274] Vgl. Burger, Reiner: Ihr Vertrauter, in: Frankfurter Allgemeine Sonntagszeitung, 18.12.2005, S.1.

[275] Vgl. Koslik, Stefan: Ex-Bundesminister Krause lehnte Einladung zum CDU-Parteitag ab, in: Schweringer Volkszeitung, 18.06.1993.

eher Pragmatiker denn Ideologen.[276] Qualitäten, die Merkel wohl unter anderen Anwärtern nicht in dieser Form fand.[277]

IV.1.4 Die Karrierewege im Rückblick

Was ergibt sich nun aus den Karrierewegen der drei Kanzleramtschefs? Vor allem kein einheitliches Aufstiegsmuster. Vielmehr zeigen sich drei verschiedene Karrierewege, deren größte Gemeinsamkeit vermutlich das gemeinsame Ziel ist.

Mitglied ihrer Partei wurden Bohl, Steinmeier und de Maizière bereits im jugendlichen Alter, doch lediglich Bohl engagierte sich tatsächlich. Er durchschritt die häufig für unabdingbar gehaltene Ochsentour durch Ortsvereine und Bezirksverbände, lernte das politische Handwerk, schloss Bekanntschaften und sammelte Erfahrungen. Erfahrungen, die seinen beiden Nachfolgern fehlten. Denn der Aufstieg Steinmeiers und de Maizières erfolgte wesentlich über die Exekutive, abseits ihrer Parteien. Sie wurden (fast) nie gewählt, nur berufen oder befördert, waren in ihren Parteien indes schwach verankert. Dennoch gelangte jeder von ihnen in das Bundeskanzleramt.

Bohl stieg in der hessischen CDU auf, lernte sein Handwerkszeug bei Alfred Dregger und rückte mit dessen Hessen-Mafia in den Bundestag auf. Die Erfahrungen, die er bis dahin sammeln konnte, die Bekanntschaften, die er geschlossen hatte, halfen ihm nun weiter. Er wurde zunächst Parlamentarischer Staatssekretär und stieg schließlich in das Bundeskanzleramt auf. Steinmeier hingegen hatte nahezu überhaupt keine Bekanntschaften oder Netzwerke, eine einfache Bewerbung reichte ihm aus, um in die Nähe von Gerhard Schröder, der ihn aufgrund seiner Persönlichkeit und Kompetenz förderte, zu gelangen. Für seine Arbeit als Chef der Staatskanzlei war seine parteipolitische Zurückhaltung sogar von Vorteil. Er war stets Pragmatiker, nüchtern und sachlich orientiert. Man begegnete ihm mit weniger Misstrauen und Vorsicht als altgedienten Parteisoldaten. Und auch für de Maizière schien seine mangelnde

---

276 Vgl. Schütz, Hans Peter: Adel verpflichtet, in: Stern, 01.12.2005.

277 Vgl. Interview mit Stéphane Beemelmans

parteipolitische Verankerung nicht von Nachteil gewesen zu sein. Sein Aufstieg erfolgte ohnehin nicht geradlinig, war durch viele Ortswechsel gekennzeichnet bis er in Sachsen ankam. Doch auch dort blieb seine Verankerung in der CDU schwach. Eine wirkliche politische Heimat hat er nie gefunden.

Doch was sich während ihres Aufstiegs nicht als Hindernis erwies, könnte in ihrem Amt als Bundeskanzleramtschef ein eklatanter Makel gewesen sein. Bereits im Falle früherer Kanzleramtschefs ist deutlich geworden, dass mit der fehlenden Verankerung in der Partei auch ein Mangel an Rückhalt und ein unzureichender Informationszufluss einhergehen können. Daher bleibt zu fragen, wie wichtig die Verankerung in der Partei als Leiter der Regierungszentrale tatsächlich war bzw. welche Rolle sie in ihr spielten?

Hinsichtlich der Fraktion zeigt sich ein ähnliches Bild. Bohl stieg maßgeblich über die Parlamente auf, baute Kontakte im Bundestag auf, wurde Parlamentarischer Geschäftsführer und war in der Bundestagsfraktion fest verankert. Er war ein Teil von ihr, lernte deren Mechanismen und Mentalitäten kennen. Damit zeigt sich ein entscheidender Unterschied zu seinen beiden Nachfolgern: Bohls Karriere führte ihn in die Institution, die er später als Bundeskanzleramtschef einzubinden hatte. Steinmeier hingegen hatte keinerlei Erfahrungen mit der Fraktionsarbeit, schon gar nicht auf Bundesebene. Dennoch schien es ihm in Niedersachsen gelungen zu sein, die Mitglieder des Landtags einzubinden und Kontakte herzustellen. Und auch in seinem ersten Jahr der rot-grünen Bundesregierung stellte sich seine mangelnde Erfahrung mit der Fraktion als unproblematisch dar, konsultierten die Abgeordneten doch eher ihn als Hombach. De Maizière ähnelte in seinen gesammelten Erfahrungen seinem Vorgänger im Amt. Auch er hatte nur wenig Erfahrung mit der Fraktion, lernte deren Arbeitsweise zumindest ein Jahr lang kennen, kannte Exekutive und unterschiedliche Koalitionen hingegen besser. Im Gegensatz zu Steinmeier hatte er zudem eine größere Bandbreite sachpolitischer Themen kennen lernen können. Ist also die Erfahrung mit der Fraktionsarbeit notwendig für einen Kanzleramtschef und wenn ja, wie kann er sie einbringen?

Im Hinblick auf die Beziehungen zu den späteren Kanzlern zeichnet sich ein differenziertes Bild. Während sich das Vertrauensverhältnis zwischen Kohl und Bohl während dessen Arbeit in der Bundestagsfraktion allmählich herausbildete und der Kanzler ihn immer stärker einband, arbeitete Steinmeier seit Beginn seiner politischen Karriere mit Schröder zusammen. Ein wirkliches Vertrauensverhältnis auf dem Fundament beiderseitiger Loyalität kann daher schon vor deren Wechsel in die Regierungszentrale angenommen werden. Die Beziehung von de Maizière und Merkel hingegen ist durch häufige Brüche gekennzeichnet. Zwar kannten sich beide vor seinem Amtsantritt bereits sehr lange, doch hatten sie bis dahin niemals längerfristig „unter einem Dach“ zusammengearbeitet. Er war nie in Merkels „Girlscamp“, gehörte nie zu deren Vertrauten während ihres politischen Aufstiegs in der CDU. Daher muss auch hier gefragt werden, was resultierte im Verlauf der Amtsausübung aus der langen und vertrauensvollen Zusammenarbeit und führte das Fehlen einer solchen zu Problemen?

Gemeinsam haben sie, dass jeder von ihnen durch ihre vorherige Tätigkeit für das Amt des Bundeskanzleramtschefs in gewisser Weise prädestiniert war. Denn sowohl Bohl als auch Steinmeier und de Maizière arbeiteten bereits an der Nahtstelle zwischen Regierung und Parlament. Ob als Parlamentarischer Geschäftsführer oder als Chef der Staatskanzlei, sie übernahmen bereits vor ihrem Aufstieg in die Regierungszentrale Ämter, die dem Amt des Bundeskanzleramtschefs sehr ähnlich waren. Erste Erfahrungen mit dem zukünftigen Koalitionspartner schließt dies mit ein. Ob auf Bundesebene im Parlament wie Bohl oder auf Landesebene in den Regierungen wie Steinmeier und de Maizière. Bohl und Steinmeier hatten jedoch den Vorteil, bereits von ihren Vorgängern lernen zu können. Bohl stand in der Tradition Schäubles und Seiters, die das Amt ausübten, nachdem Schreckenberger gescheitert war. Und auch Steinmeier profitierte erheblich von seinem Vorgänger Hombach und dessen Fehlern. Für de Maizière hingegen bestand diese Möglichkeit, Erfahrungen zu sammeln, nicht. In wie weit sich hieraus Probleme ergaben, wird ebenfalls eine Frage der weiteren Untersuchungen sein.

Letztlich verfügten alle drei über unterschiedliche Persönlichkeiten, deren möglicher Wandel im weiteren Verlauf der Studie untersucht werden soll. So ließ Bohl während seiner Zeit als Parlamentarischer Geschäftsführer keine Gelegenheit aus, die Opposition medienwirksam zu kritisieren. Er wurde

„Kläffer" und „Wadenbeißer" genannt, sein Name mit Konflikt verbunden.[278] Für einen Kanzleramtschef, der in erster Linie Moderator und Schlichter sein soll, dürfte ein solches Verhalten untragbar sein. Im Falle Steinmeiers und de Maizières fällt vor allem ihre scheinbar unerschütterliche Loyalität auf. Während Steinmeier bereits in Niedersachsen die Stütze Schröders war, nahm er auch dessen Entscheidung, Hombach zum Kanzleramtschef zu machen, stillschweigend in Kauf. De Maizière wiederum riskierte keine Kampfkandidatur gegen Milbradt in der Nachfolge Biedenkopfs. Er reihte sich stattdessen ein, ließ eine Gelegenheit verstreichen, die von anderen Machtpolitikern „eiskalt" genutzt worden wäre. Für Merkel blieb er damit berechenbar, ihr gegenüber vermutlich bis zuletzt loyal.

IV.2 Im Bundeskanzleramt – Zwischen Allmacht und Ohnmacht?

Im Bundeskanzleramt angekommen, füllte jeder der drei Kanzleramtschefs seine Rolle anders aus. Daher nochmal, wie stand es um ihre Rolle im eingangs dargelegten Machtgeflecht? Konnten sie dem Bundeskanzler als Frühwarnsystem in Partei und Fraktion dienen? Waren sie in die Entscheidungsprozesse eingebunden? Konnten sie von ihren Lehrjahren, vor ihrer Zeit im Bundeskanzleramt, profitieren? Oder wurde während ihrer Amtszeit gar ein Mangel während des Aufstiegs offenbar? Diese Fragen sollen die Problemstellung der Studie noch einmal verdeutlichen, den roten Faden für das Kernstück der Untersuchung liefern, aber auch erneut Interesse für die Problematik wecken.

IV.2.1 Vertrauter und Verbindungsmann – Friedrich Bohl

IV.2.1.1 Amtsantritt unter dem „Kanzler der Einheit"

Bereits 1985 sieht der Spiegel die „Kanzlerdämmerung" gekommen. Wahlniederlagen und der Ansehensverlust des Bundeskanzlers ließen die Autoren

---

[278] Vgl. Vorkötter, Uwe: Zwei Funktionäre, die für den Kanzler funktionieren, in: Stuttgarter Zeitung, 27.11.1991.

darauf schließen, dass mit Helmut Kohl wohl keine Bundestagswahl mehr zu gewinnen war.[279] Zwar gelang dem Kanzler die Wiederwahl, doch 1989 folgte die größte Führungskrise seiner Amtszeit. Ausgelöst durch eine Reihe von Wahlverlusten, die Verschuldung der CDU und einer perspektivlosen Regierungspolitik, kam es auf dem Bremer Parteitag im September 1989 zu dem Versuch, Helmut Kohl als Parteivorsitzenden abzulösen. Der Regierungschef konnte den geplanten „Putsch" abwehren, entmachtete aber in dessen Folge die Bundesgeschäftsstelle, schlug Heiner Geißler, dem damaligen Generalsekretär und Beteiligten am „Putschversuch", nicht erneut für dessen Amt vor und löste die Planungs- und Grundsatzabteilung in der Bundesgeschäftsstelle auf. Trotz des Entmachtungsversuchs ging Kohl als Parteivorsitzender gestärkt aus diesem Parteitag hervor. Seine Widersacher Lothar Späth, Heiner Geißler, Ernst Albrecht und Rita Süssmuth waren entmachtet oder zogen sich zurück. Damit verlor die Partei ihre wichtigsten Köpfe, während Kohls Misstrauen gegenüber der CDU, aber vor allem gegenüber dem Generalsekretär, weiter geschürt wurde.

Noch vor der deutschen Einheit hatte die CDU damit einen Wandel vollzogen.[280] Mit der deutschen Wiedervereinigung konnte Kohl seine Stellung erneut festigen, von nun an galt er als „Kanzler der Einheit", konnte seine Kontrolle über die CDU als Machtressource seiner Kanzlerschaft weiter konsolidieren. Tatsächlich war die Partei zu Beginn der 90er Jahre nahezu einflusslos. Die westdeutschen Landesverbände waren durch die dortigen Führungskrisen angeschlagen, die Führungsspitzen der neuen Landesverbände in den ostdeutschen Bundesländern waren noch nicht gefestigt, hatten daher auch keinerlei bundespolitischen Einfluss. Kohl profitierte von der Krise seiner Partei, baute seine Machtstellung aus[281] und sah sich von nun an keiner Gefahr mehr ausgesetzt.[282]

---

279 Vgl. o.V.: Genscher: „Kohl tut mir leid", in: Der Spiegel, 03.06.1985.

280 Vgl. Bösch, Frank: Macht und Machtverlust. Die Geschichte der CDU, a.a.O., S.130ff.

281 Vgl. ebd., S.138.

282 Vgl. Schütz, Hans Peter: Ich oder Nichts, in: Stern, 12.09.1991.

Mit dem Tod von Franz Josef Strauß und der deutschen Einheit hatte sich aber auch ein Wandel in der CSU vollzogen. Durch die Stimmengewinne der FDP bei der Bundestagswahl 1990 war plötzlich eine christlich-liberale Koalition, ohne die bayerische Schwesterpartei, möglich geworden. Darüber hinaus schmälerte die Erweiterung des Bundesgebietes den bundespolitischen Einfluss der CSU, reduzierte mithin ihr Druck- und Drohpotential auf Bonn.[283] Helmut Kohl bekam indes mit Theo Waigel, dem Nachfolger des 1988 verstorbenen Strauß, einen CSU-Vorsitzenden an die Seite, der nicht nur zuverlässig war, sondern, im Gegensatz zu seinem Vorgänger, mehr auf Kooperation als auf Konfrontation setzte.[284] Auch innerparteilich war die CSU geschwächt. Der neue Ministerpräsident Max Streibl hatte vor allem mit diversen Affären zu kämpfen, brachte jedoch keine neuen Innovationen hervor. Nach dessen Rücktritt im Mai 1993 brach zwischen Waigel und Edmund Stoiber ein Zweikampf um die Nachfolge Streibls aus. Stoiber entschied die Auseinandersetzung schließlich für sich, jedoch noch nicht ohne die CSU und ihren Vorsitzenden zu schwächen.[285]

Der Tod von Strauß hatte auch Auswirkungen auf die FDP. Ihr fehlte von nun an der Gegenspieler, denn der Bayer wirkte lange Zeit integrierend auf die Anhänger der Liberalen. Mit ihm und seinen Vorhaben konnte die FDP das liberal gesinnte Bürgertum schrecken und hinter sich vereinen. Für die erste gesamtdeutsche Bundestagswahl 1990 wirkte sich Strauß Tod jedoch nicht negativ aus. Mit 11% Stimmenanteil waren die Liberalen die eigentlichen Gewinner dieser Wahl. Der Erfolg hielt jedoch nicht lange an. Zwar zogen sie nach der Einheit in alle ostdeutschen Landtage ein, doch schon 1992 kam es bei den folgenden Landtagswahlen zu erheblichen Verlusten, die sich 1993 fortsetzten. Durch die Bundesratsmehrheit der SPD war die Union bei entscheidenden Gesetzesvorhaben zudem zunehmend auf die Sozialdemokraten

---

283 Vgl. Fahrenholz, Peter: Die CSU vor einem schwierigen Spagat, in: Aus Politik und Zeitgeschichte, Heft 1/1994, S.17-20, S.17.

284 Vgl. Bösch, Frank: Macht und Machtverlust. Die Geschichte der CDU, a.a.O., S.138.

285 Vgl. Kießling, Andreas: Die CSU. Machterhalt und Machterneuerung, Wiesbaden 2004, S.210ff.

angewiesen. In Fragen des Asylrechts oder der Gesundheitsreform bildete sich faktisch eine Große Koalition heraus, die die Bedeutung der FDP weiter schmälerte. Die Liberalen hatten keine Alternative zur CDU, waren nun nicht mehr das „Zünglein an der Waage" und damit in ihrer Position gegenüber den Christdemokraten geschwächt.[286]

So stellte sich die Ausgangsposition für den Amtsantritt und die ersten Jahre Friedrich Bohls dar. Der Kanzler gestärkt, seine Widersacher geschwächt, CSU und FDP ohne Drohpotential. Die Regierung Kohl war zudem schon beinahe zehn Jahre im Amt, die ersten Pannen der christlich-liberalen Koalition längst beseitigt. Nach Schäuble und Seiters bekam Bohl das Amt aus qualifizierten Händen übertragen. Schon unter Schäuble wurde es zur Machtzentrale ausgebaut, auf den Bundeskanzler abgestimmt. Bohl setzt die Arbeit seiner Vorgänger lediglich fort. Doch was zeichnete ihn aus? War er ähnlich gut in Partei und Fraktion verankert wie Schäuble? Gehörte er ebenso dem engsten Beraterkreis des Kanzlers an und war er eine tragende Säule der Koalition?

IV.2.1.2 Geerdet in der Partei, verwurzelt in der Fraktion

Bohl hatte seine Karriere in der Politik in den untersten Gliederungen der Partei begonnen. Noch während seiner gesamten Zeit als Leiter der Regierungszentrale blieb er Wahlkreisabgeordneter und Kreisvorsitzender des Kreisverbandes Marburg-Biedenkopf.[287] Der Bezug zur Parteibasis, die „Erdung" war ihm dabei stets wichtig, denn „wenn sie Sprechstunden machen oder Kreisvorstandssitzungen, dann erfahren sie das, was ganz unten ist". Eindrücke, die er in den Abendrunden und persönlichen Gesprächen auch an Kohl weitergab.[288] Der versuchte seinen Kanzleramtschef auch in der Parteipolitik einzubinden. Bohl war Mitglied des Parteipräsidiums der CDU, dem eigentlichen Führungs-

---

[286] Vgl. Lösche, Peter/Walter, Franz: Die FDP. Richtungsstreit und Zukunftszweifel, Darmstadt 1996, S.200, 196, 202.

[287] Vgl. Walther, Daniel: Wir sagen worauf es ankommt, in: Die Entscheidung, Heft 10/1998, S.18-19, S.18.

[288] Vgl. Interview mit Friedrich Bohl

organ der Partei, welches die grundsätzlichen Entscheidungen treffen und die Leitlinien der Tagespolitik vorgeben soll.[289] Allein aufgrund des politischen Gewichts Kohls war der Kanzleramtschef zu diesen Sitzungen zugelassen, niemand sonst hätte „nur aufgrund seiner Qualifikation und seines persönlichen politischen Gewichts“ gegen den Einwand Kohls in den Kreis der Präsidiumsmitglieder aufgenommen werden können. Jedoch sollte die Bedeutung des Parteipräsidiums unter Kohl nicht überschätzt werden. Er überließ diesem nicht die Klärung strittiger Entscheidungen, vielmehr diente es ihm der bloßen Erörterung und Abstimmung.[290]

Bohl war also durchaus stark in der Partei verwurzelt, verfügte selbst über einzelne Kontakte und Beziehungen, die sich ihm auch während seiner Ochsentour und seines beharrlichen Aufstiegs in der CDU eröffnet hatten. Doch war Kohl, aufgrund seiner eigenen Autorität, nur bedingt auf ein Frühwarnsystem Bohl angewiesen. Denn der Parteivorsitzende pflegte ein „geradezu osmotisches Verhältnis[ses]“[291] zur Basis seiner Partei. Er war mit Aktivisten und Funktionären eng verbunden, hatte sich über die Jahre seines politischen Aufstiegs und während der Kanzlerschaft ein „parteipersonelles Stützpfeilersystem“ aufgebaut.[292] Er verfügte über ein umfassendes Netzwerk von Informationszuträgern auf allen Ebenen der Partei.[293] Zu diesen gehörten unter anderem auch Kohls Vertraute Anton Pfeiffer, Eduard Ackermann und Michael Roik.[294]

---

289 Vgl. Bösch, Frank: Christlich Demokratische Union Deutschlands (CDU), in: Decker, Frank/Neu, Viola (Hrsg.): Handbuch der deutschen Parteien, Bonn 2007, S.201-219, S.214.

290 Vgl. Feldmeyer, Karl: Im Dreieck der Macht zwischen Kanzleramt, Fraktionsführung und Partei, in: Frankfurter Allgemeine Zeitung, 16.10.1996, S.3

291 Zitiert nach Hermann Rudolph, in: Niclauß, Karlheinz: Kanzlerdemokratie. Regierungsführung von Konrad Adenauer bis Gerhard Schröder, Paderborn 2004, S.295.

292 Zitiert nach L. Hermann, in: Niclauß, Karlheinz: Kanzlerdemokratie. Regierungsführung von Konrad Adenauer bis Gerhard Schröder, a.a.O., S.295.

293 Vgl. Korte, Karl-Rudolf: Kommt es auf die Person des Kanzlers an? Zum Regierungsstil von Helmut Kohl in der „Kanzlerdemokratie“ des deutschen „Parteienstaates“, in: Zeitschrift für Parlamentsfragen, Heft 3/1998, S.387-401, S.399.

294 Vgl. Langguth, Gerd: Kohl, Schröder, Merkel. Machtmenschen, a.a.O., S.73; Schütz, Hans Peter: Die kleine Welt des Helmut K., in: Stern, 20.02.1997.

Informationen dieser zahlreichen Zuträger sicherten Kohls Macht und bildeten die Grundlage seiner Entscheidungen.

Kanzleramtschef Bohl verfügte demnach nicht über eine für Kohl bedeutende Rolle in der Partei. Natürlich konnte er neben seiner Tätigkeit als Leiter der Regierungszentrale keine wichtigen Parteifunktionen ausfüllen, dennoch war er wegen seiner parteipolitischen Verankerung in der CDU und seiner „Erdung" zumindest ein Teil des personellen Frühwarnsystems um Kohl.

Im Hinblick auf die Fraktion bietet sich zunächst ein ganz ähnliches Bild. Denn Kohl wusste als erfahrener Fraktionspolitiker um die potentielle Macht der Fraktion,[295] hatte mit Wolfgang Schäuble, dem damaligen Fraktionsvorsitzenden und Jürgen Rüttgers, dem Nachfolger Bohls im Amt des 1. Parlamentarischen Geschäftsführers, zwei loyale und ebenso einflussreiche Kontakte innerhalb der Fraktion, denen er sich häufig bediente.[296] Nichtsdestotrotz hatte es schon zum Ende der Amtszeit Dreggers Kritik an der mangelnden Einbindung der Fraktion gegeben. Als Fraktionsvorsitzender wollte Schäuble schließlich die Fraktion gegenüber der Regierung stärker zur Geltung bringen. Daher war er nicht nur „Abnicker", sondern auch „Antreiber" für den Kanzler, setzte eigene Akzente.[297] Ohne Zweifel wurde er von Kohl eingebunden, gehörte zu dessen engsten Vertrauten, doch die unzureichende Einbeziehung der Gesamtfraktion in die Erarbeitung und Abstimmung sachpolitischer Positionen hielt an. Insbesondere ab Mitte der 1990er Jahre sorgten Kohl und Schäuble nicht mehr für die notwendige sachpolitische Orientierung, mussten die Mehrheit der Fraktion zur Sicherung der Regierungsvorhaben häufig zu strikter Geschlossenheit auffordern.[298]

---

295 Vgl. Winter, Martin: Der Bulldozer Kohl und der Faktor Zeit, in: Frankfurter Rundschau, 10.04.1991.

296 Vgl. Gennrich, Claus: Der engere Kreis um Kohl, a.a.O.

297 Vgl. Interview mit Friedrich Bohl

298 Vgl. Schüttemeyer, Suzanne: Fraktionen im Deutschen Bundestag 1949-1997, Empirische Befunde und theoretische Folgerungen, a.a.O., S.94ff.

Als Kanzleramtschef aber oblag Bohl die Verbindung zwischen Regierung und Fraktion.[299] Jeden Montag nahm er an den Sitzungen des Fraktionsvorstandes teil, Dienstagabend an denen des geschäftsführenden Vorstandes. Bereits zu seiner Zeit als 1. Parlamentarischer Geschäftsführer hatte Bohl sich ein Netzwerk aufgebaut, das er nun weiter ausbaute.[300] Er wusste zwischen wem in der Fraktion gekungelt wurde, wusste wer Intrigant und wer Freund war.[301] Er pflegte ein vertrautes Verhältnis zu den Abgeordneten, kam ihnen entgegen, half ihnen weiter und wusste, was er ihnen zumuten konnte. Zudem traf er sich jeden Freitag mit dem 1. Parlamentarischen Geschäftsführer, mit dem Parlamentarischen Geschäftsführer der CSU sowie dem Generalsekretär der Partei zur Reflexion der vorangegangenen Woche und zur Besprechung der „Agenda der nächsten Woche“. Diese Strategierunde, der Bohl eine herausgehobene Bedeutung beimaß, koordinierte im Wesentlichen die Zusammenarbeit von Regierung, Fraktion und Partei.[302] Denn sie bot ihnen die Möglichkeit zur Abstimmung. Dies war umso wichtiger, da eine ständige Erreichbarkeit, wie sie heute Normalität ist, zu jener Zeit noch nicht gegeben war.[303]

Die Rolle Bohls in der Fraktion war demnach ungleich bedeutender als die in der Partei. Zwar hatte Kohl mit Schäuble und Rüttgers eigene, gewichtige Kontakte, die er nutzte, doch Bohl war durch seine Tätigkeit als Parlamentarischer Geschäftsführer ebenso fest in der Fraktion verankert, war beliebt und mit den Abgeordneten vertraut. Zu ihm kamen nicht nur die einflussreichen, sondern auch die weniger einflussreichen Abgeordneten und trugen ihre Probleme an ihn heran. Für den Kanzler erfüllte er damit eine Doppelrolle: er war Koordinator zwischen Regierung und Parlament, band die Spitzen der Fraktion

---

299 Vgl. Knoll, Thomas: Das Bonner Bundeskanzleramt. Organisation und Funktion von 1949-1999, a.a.O., S.304.

300 Vgl. Interview mit Friedrich Bohl

301 Vgl. Nayhauss, Mainhardt Graf: In Kohls Küchenkabinett ist Friedrich Bohl die Nr.1, in: Die Welt, 02.11.1992.

302 Vgl. Fietz, Martina: Nervöse CDU, in: Die Welt, 31.03.1998, S.4.

303 Vgl. Interview mit Friedrich Bohl

ein, gleichzeitig stellte er für Kohl eine unerlässliche Informationsquelle aus dem Kreis der Abgeordneten dar.

IV.2.1.3 Der engste Vertraute Kohls

Bohl war jedoch nicht nur „politischer Seismograph“, er war vor allem auch einer der engsten Vertrauten Kohls. Mehrfach am Tag traf sich der Kanzleramtschef mit dem Regierungschef. Bereits um 07:30 Uhr wurden mit Juliane Weber, der Büroleiterin Kohls, die Termine des Tages abgestimmt. Bevor um 08:30 Uhr die „Kanzlerlage“ oder auch Morgenlage zusammenkam, traf sich Bohl mit den Abteilungsleitern des Bundeskanzleramtes und wurde dort über die aktuellen Entwicklungen im Haus in Kenntnis gesetzt. Im Kern handelte es sich bei der „Kanzlerlage“ um eine Presselage, in der weitere Termine des Tages besprochen wurden. Auffallend ist, dass die Zahl der Teilnehmer nach 1991 abgenommen hatte, was wesentlich mit der Wiedervereinigung ein Jahr zuvor zusammen hängen dürfte. Bohl war als Kanzleramtschef jedoch stets anwesend, selbst dann, wenn die Runde auf den engsten Kreis, mit dem Chef des Bundeskanzleramtes, den beiden Staatsministern, dem Berater für Öffentlichkeitsarbeit und der Leiterin des persönlichen Büros des Bundeskanzlers beschränkt wurde.[304] Er war jedoch nicht nur an den täglichen Lagebesprechungen beteiligt. Vor allem gehörte Bohl zur engsten Umgebung Kohls, zu dessen „politischer Familie“, der neben ihm nur Juliane Weber, Eduard Ackermann und Andreas Fritzenkötter angehörten.[305] Dieser kleine Kreis, zuweilen ergänzt durch weitere Gäste, kam zum Montagabend im Kanzlerbungalow zusammen. Grundfragen der Politik wurden dort jedoch nicht diskutiert, politischen Einfluss konnte keiner der Teilnehmer auf diesem Weg ausüben.[306] Tatsächlich bot die Abendrunde aber eine Möglichkeit, die Eigenarten und „Gedankengänge des Kanzlers“ kennen zu lernen, neue Themen einzubringen, aus dem Wahlkreis zu berichten. Auch wenn keine Grundfragen der

---

304 Vgl. Knoll, Thomas: Das Bonner Bundeskanzleramt. Organisation und Funktion von 1949-1999, a.a.O., S.339ff.

305 Vgl. Lambeck, Martin S.: Der Zirkel um den Bundeskanzler, in: Die Welt, 27.12.1993.

306 Vgl. Langguth, Gerd: Kohl, Schröder, Merkel. Machtmenschen, a.a.O., S.67.

Politik diskutiert wurden, wie Langguth annimmt, so dienten sie doch, durch die Diskussion und den Austausch mit eingeladenen Sachverständigen, der Meinungsbildung und hatten somit zumindest mittelbar politische Bedeutung.[307]

In Politik und Presse schien daher Einigkeit darüber zu herrschen, wer der mächtigste Mann nach Kohl sei. So antwortete beispielsweise Ackermann auf die Frage, ob er oder Bohl mehr Macht habe: „Selbstverständlich Sie! Sie sind morgens der erste und abends der letzte beim Kanzler. Ich bin nur temporär an seinem Ohr". Tatsächlich hatte Bohl freien Zugang zum Kanzlerbüro, ging zu ihm, wenn die Tür offen war, wog selbst ab, ob er hineingehen sollte, wenn Kohl beschäftigt war.[308] Günter Bannas schrieb in der Süddeutschen Zeitung gar, dass weder Schäuble noch Seiters derart mit dem Bundeskanzleramt verwachsen waren wie Bohl. Erst unter ihm erreichte das Zusammenwirken zwischen dem Chef des Bundeskanzleramtes und dem Bundeskanzler seinen „Idealzustand".[309] Bohl ergänzte Kohl, glich dessen Fehler und Schwächen aus. Er war Pragmatiker an der Seite des oft emotional entscheidenden Kanzlers.[310] Er las die Akten, die Kohl zugunsten persönlicher Vermerke seiner Vertrauten oft außen vor lies[311] und er kümmerte sich um die Details, die des Kanzlers Sache nicht waren.[312] Bohl wurde für den Regierungschef nahezu unentbehrlich, neben Weber vertraute er nur ihm voll und ganz und neben Waigel achtete er nur ihn auch menschlich.[313] Bohls Wort hatte Gewicht, da es als Wort des Kanzlers galt. Man nannte ihn dessen Schatten, seinen Premierminister, doch

---

307 Vgl. Interview mit Friedrich Bohl

308 Vgl. Nayhauss, Mainhardt Graf: In Kohls Küchenkabinett ist Friedrich Bohl die Nr.1, a.a.O.

309 Vgl. Bannas, Günter: Auf der Flucht vor den Schlagzeilen, a.a.O.

310 Vgl. Walter, Franz: Charismatiker und Effizienzen. Porträts aus 60 Jahren Bundesrepublik, a.a.O., S.178f.

311 Vgl. Gennrich, Claus: Der Machtmensch Kohl hat das Gewonnene zu bewahren gesucht, in: Frankfurter Allgemeine Zeitung, 29.09.2008, S.3.

312 Vgl. Feldmeyer, Karl: Der Reiz, Politik zu gestalten, in: Frankfurter Allgemeine Zeitung, 11.03.1995, S.10.

313 Vgl. Langguth, Gerd: Kohl, Schröder, Merkel. Machtmenschen, a.a.O., S.68, 72.

stets war dem Kanzleramtschef bewusst, dass sein politisches Schicksal mit dem des Bundeskanzlers verbunden war.[314] Schon aus diesem Grund hätte er bedingungslos loyal sein müssen, doch lag der Hauptgrund wohl eher in seinem Selbstverständnis als Kanzleramtschef. Für ihn war die Vorstellung, sich öffentlich gegen den Kanzler zu profilieren oder ihn in den Medien zu kritisieren, geradezu absurd. Genau dies machte seine Autorität aus. Seine Nähe und sein Vertrauensverhältnis, für das bereits vor Bohls Zeit als Kanzleramtschef der Grundstein gelegt wurde und das über die Jahre hinweg weiter gewachsen war, verschafften ihm den nötigen Einfluss. Bohl legt jedoch Wert darauf, nicht nur als „Bauchredner vom Kanzler“ wahrgenommen zu werden. Er glaubt, dass ein Kanzleramtschef auch eigener Autorität und Kompetenz bedarf, um „richtig für voll genommen“ zu werden.[315] Tatsächlich verfügte Bohl über beide Voraussetzungen. Seine eigenen Fähigkeiten hatte er durch jahrelange parteipolitische und parlamentarische Arbeit erworben und seine Nähe zum Kanzler war unerreicht.

IV.2.1.4 Der „Executor“ der Koalition

„Der Mann hat mehr Einfluss auf die Regierungsgeschäfte als mancher Fachminister“, so die Meinung Klaus Töpfers, während andere wiederum behaupteten, er sei unzweifelhaft der einflussreichste Minister im Kabinett Kohl gewesen.[316] Überraschend ist diese Aussage jedenfalls nicht. Denn ungeachtet seiner außerordentlichen Nähe zu Kohl, war es auch der Kanzleramtschef, der die Kabinettssitzungen bis ins Detail vorbereitete. In der Runde der Staatssekretäre, die der Chef des Bundeskanzleramtes gewohnheitsmäßig leitet, wurde vorab besprochen, was kabinettsreif war und wo noch Probleme bestanden.[317]

---

314 Vgl. Palmer, Hartmut: Der Mann mit der Ölkanne, in: Der Spiegel, 21.08.1995.

315 Vgl. Interview mit Friedrich Bohl

316 Vgl. Kröter, Thomas: Starker Mann in der Kanzlerdemokratie, in: Der Tagesspiegel, 19.07.1996, S.3.

317 Vgl. Casdorff, Stephan-Andreas: „Macht mich nicht dicker, als ich bin“, in: Stuttgarter Zeitung, 04.05.1996, S.3.

Nichtsdestotrotz zog Bundeskanzler Kohl, seinem informellen Stil entsprechend, auch in diesem Fall das persönliche Gespräch der Diskussion im Kabinett vor. „Also er liebte es schon, dass die Streitpunkte vorher ausgeräumt waren und sich der, sagen wir mal, Diskussionsbedarf auf vorher fixierte Punkte begrenzte und dass man auch wusste, wie das Ding dann ausgeht."[318] Daher fand während den Sitzungen des Kabinetts weniger eine offene Diskussion, dafür eher „eine Vertiefung der unterschiedlichen Positionen" statt, so Bohl, der sich daran erinnert, dass es während seiner Zeit im Bundeskanzleramt nur eine Entscheidung gab, in der die FDP-Minister im Kabinett gegen die Unionsmitglieder stimmten. Die Abstimmung befasste sich mit dem Einsatz der Tornados über dem Balkan, die unterschiedlichen Positionen waren aber auch in diesem Fall zuvor in der Koalitionsrunde besprochen worden.[319]

Tatsächlich war die Koalitionsrunde das wichtigste Entscheidungsgremium der Koalition. Jeden Dienstag in Sitzungswochen, also noch vor den Kabinettssitzungen, kamen „zwölf, dreizehn Leute", unter ihnen die Partei- und Fraktionsvorsitzenden sowie die Generalsekretäre und Parlamentarischen Geschäftsführer der drei Regierungsparteien, zusammen und besprachen im Wesentlichen die Tagesordnungspunkte der Sitzungswoche. Zudem gab es laut Bohl noch einen engeren Kreis bestehend aus Helmut Kohl, Wolfgang Schäuble, Wolfgang Gerhardt, Michael Glos, Theo Waigel, Klaus Kinkel und ihm selbst. Wobei er einräumt, lediglich der „Executor der ganzen Runde" gewesen zu sein, während „nur die Elefanten die eigentlichen Entscheidungsträger waren".[320] Das eigentliche Machtzentrum hatte sich damit unter Kohl vom Kabinett zur Koalitionsrunde verschoben. Ressortchefs, die nicht an den Koalitionsrunden beteiligt waren, verloren damit faktisch an Einfluss.[321] Insbesondere die FDP forderte damals die Etablierung dieser Runden, um ihren eigenen Einfluss auf die Regierungspolitik sichern zu können. Und dieser war, auch angesichts ihrer Wahlniederlagen zu Beginn der 1990er Jahre, verhältnismäßig groß. Kein

---

318 Vgl. Interview mit Friedrich Bohl

319 Vgl. ebd.

320 Vgl. ebd.

321 Vgl. Gauland, Alexander: Helmut Kohl. Ein Prinzip, Berlin 1994, S.51.

Bundeskanzler zuvor hatte einem kleinen Koalitionspartner derart viele Rechte eingeräumt. Doch die Rücksichtnahme war politisches Kalkül. Kohl nutzte die FDP, um sie gegen die CSU auszuspielen und im Streit zwischen den Vertretern beider Parteien als Schlichter aufzutreten.[322] Dies war umso wichtiger, da sowohl die CSU als auch die FDP einen steten Bedarf hatten, sich gegenüber der CDU unter dem Einheitskanzler Kohl zu profilieren. Zuweilen kam es sogar vor, und dies war der Nachteil dieser Drei-Parteien-Koalition, dass sich CSU und FDP in Steuerfragen einig wurden und gegen die CDU votierten.[323]

Neben den eher formalisierten Koalitionsrunden erfolgte die Abstimmung in der Koalition aber vor allem durch persönliche Gespräche. Kohl telefonierte häufig mit Waigel oder Kinkel bzw. Gerhardt und auch Bohl verfügte über ein umfassendes Beziehungsgeflecht in beiden Parteien. Unter den CSU-Bundestagsabgeordneten gehörten hier vor allem Wolfgang Bötsch, danach Michael Glos als Landesgruppenvorsitzende und Eduard Oswald, dem Parlamentarischen Geschäftsführer der CSU, dazu. Außerhalb des Parlaments zählte er Theo Waigel zu seinen Freunden und stand zudem, trotz seines Machtkampfes mit Waigel, in engem Kontakt mit Edmund Stoiber. Ein ähnliches Bild bietet sich gegenüber der FDP. Wolfgang Gerhardt kannte Bohl noch aus Studientagen und auch mit Hermann-Otto Solms, der ebenfalls aus Hessen stammt, pflegte er ein gutes Verhältnis. Dieses stellte sich wohl auch sehr schnell zu Klaus Kinkel, dem Nachfolger Genschers im Außenressort, ein.[324] Bohl verfügte demnach über umfangreiche Kontakte in FDP und CSU und machte seine Bedeutung für die Koalition im Oktober 1996 deutlich. Während Kohl in Indonesien weilte, drohte die FDP unter Gerhardt mit dem Bruch der Koalition, da Waigel die wahre Haushaltslage nicht preisgegeben haben soll. Bohl, der damals als Schlichter zwischen den Konfliktparteien fungierte, war

322 Vgl. Stüwe, Klaus: Informelles Regieren. Die Kanzlerschaften Gerhard Schröders und Helmut Kohls im Vergleich, in: Zeitschrift für Parlamentsfragen, Heft 3/2006, S.544-559, S.550.

323 Vgl. Kranenpohl, Uwe: Mächtig oder machtlos? Kleine Fraktionen im Deutschen Bundestag 1949 bis 1994, Wiesbaden 1999, S.274.

324 Vgl. Interview mit Friedrich Bohl

es schließlich zu verdanken, dass die Koalition nicht vorzeitig beendet wurde.[325] Damit wird seine Rolle in der Koalition deutlich. Er war Kontaktmann und Koordinator, auch Schlichter und Stabilisator des schwarz-gelben Regierungsbündnisses.

IV.2.1.5 Die letzte Legislaturperiode – Der Kanzler schottet sich ab

Mit der Bundestagswahl 1994 änderten sich die politischen Verhältnisse für die Koalition erneut. Während die CDU Stimmen verlor, gewann die CSU hinzu und sicherte so den Fortbestand der Koalition.[326] Damit hatte die CSU wieder an politischem Gewicht gewonnen, die Doppelspitze mit Waigel und Stoiber bestand jedoch fort. Zwischen 1995 und 1997 verschlechterte sich die Beziehung zwischen beiden weiter, ein einiges Auftreten kam erst wieder im September 1997, unter Einfluss der CDU, bei der Festlegung einer gemeinsamen Linie in der Euro-Frage zustande.[327] Für Kohl aber blieb ausschlaggebend, dass er mit Waigel nach wie vor einen loyalen Partner zur Seite hatte, dem er voll vertraute.[328]

Die FDP wiederum gelangte nur noch mit Stimmenanleihen aus der CDU in die Parlamente, sie blieben eine Restgröße im bürgerlichen Lager.[329] Mit einem Verlust von vier Prozentpunkten waren sie der Wahlverlierer und entwickelten sich zu einem Unsicherheitsfaktor in der Bonner Koalition. Tatsächlich sorgte sich die Partei um ihre zukünftige Existenz, hatte aber gleichzeitig keine Alternativen zu einer Koalition mit der CDU, die nach wie vor durch

---

325 Vgl. Neuendorf, Bernd: Neueste Koalitions-Devise: Klima ist „gut", in: Kieler Nachrichten, 29.10.1996, S.2.

326 Vgl. Jesse, Ekkehard: Die CSU im vereinigten Deutschland, in: Aus Politik und Zeitgeschichte, Heft 6/1996, S.29-35, S.33.

327 Vgl. Kießling, Andreas: Die CSU. Machterhalt und Machterneuerung, a.a.O., S.284.

328 Vgl. Langguth, Gerd: Kohl, Schröder, Merkel. Machtmenschen, a.a.O., S.68.

329 Vgl. Lösche, Peter/Walter, Franz: Die FDP. Richtungsstreit und Zukunftszweifel, a.a.O., S.198.

Absprachen mit der SPD Druck ausüben konnte.[330] Zunehmend mangelte es der FDP zudem an politischer Prominenz. Nach dem Abgang von Hans-Dietrich Genscher und Otto Graf Lambsdorff fehlte es an geeignetem Führungspersonal, an Politikern, die erneut als Identifikationsfigur mit der FDP und ihren Zielen hätte fungieren können. Stattdessen folgte Lambsdorff 1993 der Seiteneinsteiger Kinkel nach, der noch wesentlich von der Gunst Genschers abhing, dessen Machtworte aber in der Partei verhallten. Er trat schließlich zurück und machte den Weg frei für Wolfgang Gerhardt.[331]

Im Verlauf seiner langen Amtszeit wurde Helmut Kohl nicht nur zum Machtzentrum seiner eigenen Partei, sondern auch der CSU und FDP. Sie alle wurden Teil der „Machtmaschine Kohl",[332] die sich im Laufe der Zeit immer weiter wandelte. Bereits nach dem Bremer Parteitag und der Wiedervereinigung war er sehr viel misstrauischer und verschlossener geworden. Zunehmend konzentrierte er sich lediglich auf die Außenpolitik, in seiner letzten Legislaturperiode wurden die Führungsdefizite auf dem Feld der Innenpolitik daher unübersehbar. Das Scheitern des von ihm initiierten „Bündnis für Arbeit" ist nur ein Beleg dafür.[333] Auf dem Parteitag 1996 setzte die CDU daher ein entscheidendes Signal. Kohl erhielt das schlechteste Ergebnis seiner Amtszeit als Parteivorsitzender, während sich die Zahl innerparteilicher Kritiker weiter erhöhte.[334] Das Nachrichtenmagazin „Time" sprach gar von einer Vertrauenskrise für Kohl („Kohl´s Crisis of Confidence") und sah das Ende der Mehrheit für die bürgerliche Koalition gekommen.[335] Auch Kohls politische

330 Vgl. Schmidtke, Evelyn: Der Bundeskanzler im Spannungsfeld zwischen Kanzlerdemokratie und Parteiendemokratie. Ein Vergleich der Regierungsstile Konrad Adenauers und Helmut Kohls, Marburg 2001, S.169f.

331 Vgl. Lösche, Peter/Walter, Franz: Die FDP. Richtungsstreit und Zukunftszweifel, a.a.O., S206ff.

332 Vgl. Dittberner, Jürgen: Die FDP. Geschichte, Personen, Organisation, Perspektiven. Eine Einführung, Wiesbaden 2005, S.103.

333 Vgl. Niclauß, Karlheinz: Kanzlerdemokratie. Regierungsführung von Konrad Adenauer bis Gerhard Schröder, a.a.O., S.293.

334 Vgl. Bösch, Frank: Macht und Machtverlust, a.a.O., S.145.

335 Zitiert aus: Borchers, Andreas et al.: Kohls letztes Gefecht, in: Stern, 28.08.1997, S.128.

Familie trug Schaden davon. Nach dem bereits 1991 Horst Teltschik in die Privatwirtschaft gewechselt war, ging 1995 auch Eduard Ackermann in den Ruhestand.[336] In den letzten Jahren von Kohls Amtszeit schieden immer mehr Weggefährten aus dem Umkreis des Kanzlers aus. Deren Nachfolger verstanden sich mehr als loyale Gefolgsleute, denn als kritische Dialogpartner. Zu ihnen gehörte auch Bohl, der eher ein getreuer als ein fordernder Vertrauter Kohls war.[337] Ohnehin umgab sich der Kanzler nach der Einheit nicht mehr mit originellen Denkern wie in den 1970er Jahren.[338] Die hatte er spätestens im Zuge des Bremer Parteitages 1989 ausgeschaltet. Kritiker fanden sich unter seinen Vertrauten danach nicht mehr.

Zudem wurde der Kanzler immer misstrauischer, zog sich mit seinen Vertrauten immer stärker im Kanzleramt zurück. Selbst die Koalitionsrunden wurden immer kleiner, letztlich waren nur noch die Partei- und Fraktionsvorsitzenden geladen. Auch jetzt immer an Kohls Seite und für ihn wichtiger denn je: Friedrich Bohl, dem er als Einzigen, neben Juliane Weber, noch uneingeschränkt vertraute.[339] Kohls Kleeblatt aus Bohl, Weber, Pfeiffer und Fritzenkötter wurde immer mehr Arbeit zugewiesen.[340] Auch Bohl räumte ein, dass Kohl sich nach der Wiedervereinigung verstärkt um die Außenpolitik kümmern musste und er daher vermehrt innenpolitische Aufgaben an Personen seines Vertrauens übergab.[341] So war Bohl beispielsweise an einer Runde zur Planung des Wirtschaftsaufschwungs im Jahr 1996 beteiligt[342] während sein persönlicher Mitarbeiterstab im Bundeskanzleramt seit 1994 beständig erwei-

336 Vgl. Langguth, Gerd: Kohl, Schröder, Merkel. Machtmenschen, a.a.O., S.68.

337 Vgl. Niclauß, Karlheinz: Kanzlerdemokratie. Regierungsführung von Konrad Adenauer bis Gerhard Schröder, a.a.O., S.294.

338 Vgl. Bösch, Frank: Macht und Machtverlust, a.a.O., S.137.

339 Vgl. Langguth, Gerd: Kohl, Schröder, Merkel. Machtmenschen, a.a.O., S.51.

340 Vgl. Durth, K. Rüdiger: Kampfansage eines einsamen Kanzlers, in: Bonner Rundschau, 30.03.1998, S.3.

341 Vgl. Interview mit Friedrich Bohl

342 Vgl. o.V.: „Uns steht ein Orkan bevor“, in: Der Spiegel, 22.01.1996, S.82.

tert wurde.[343] Im Bundestagswahlkampf 1998 sollte er schließlich eine koordinierende Rolle übernehmen, war zudem zusammen mit Pfeiffer, Fritzenkötter, Schäuble und Hintze Mitglied der Wahlkampfkommission unter der Leitung Kohls.[344]

Zum Ende von Kohls Amtszeit verstärkte sich auch die Kritik aus den Reihen der Koalitionspartner. Gerhardt kritisierte das System Kohl, dass eher auf den persönlichen Machterhalt, nicht aber auf gesellschaftliche Zukunftssicherung ausgerichtet gewesen sei und keinerlei Perspektiven mehr geboten hätte.[345] Tatsächlich fehlte es der CDU an offenen Diskussionsstrukturen, an innerparteilicher Vitalität.[346] Es mangelte in der Regierung Kohl an langfristigen Initiativen und größeren Reformansätzen, die Veränderungen hätten herbei führen können. Schäuble verfügte über derartige Erneuerungs- und Öffnungspläne, doch Kohl verhinderte diese und andere Initiativen. So scheiterten Schäubles Versuche einer Steuerreform oder der Senkung der Lohnnebenkosten. Kohl war zu misstrauisch geworden, hatte die kreativen Köpfe in der Partei entmachtet. Er verlor die Fähigkeit, seine eigenen Leistungen distanziert und kritisch zu bewerten, stützte seine Macht wesentlich auf den „Mythos der Unbesiegbarkeit". Die Partei führte er nicht wie gewohnt, auch ein neues Parteiprogramm diente nur dem Machterhalt.[347] Den Wahlkampf 1998 glaubte er allein bestreiten und den Sieg allein erringen zu können.[348] Seine Partei verlor schließlich mit ihm.

---

343 Vgl. Knoll, Thomas: Das Bonner Bundeskanzleramt. Organisation und Funktion von 1949-1999, a.a.O., S.306f, 318f.

344 Vgl. Linke, Thomas: Hintze ist wieder der Blitzableiter, in: Handelsblatt, 31.03.1998, S.3.

345 Vgl. Schütz, Hans Peter: Die kleine Welt des Helmut K., a.a.O.

346 Vgl. Jun, Uwe: Die CDU: Behutsamer Übergang in der Zeit nach Kohl, in: Prickel, Gert/Walz, Dieter/Brunner, Wolfram (Hrsg.): Deutschland nach den Wahlen. Befunde zur Bundestagswahl 1998 und zur Zukunft des deutschen Parteiensystems, Opladen 2000, S.207-226, S.215.

347 Vgl. Bösch, Frank/Brandes, Ina: Die Vorsitzenden der CDU. Sozialisation und Führungsstil, a.a.O., S.51f.

348 Vgl. Durth, K. Rüdiger: Kampfansage eines einsamen Kanzlers, a.a.O., S.3.

IV.2.2 Der „Allmächtige" – Frank-Walter Steinmeier

IV.2.2.1 Amtsantritt zur rechten Zeit

Weder im Wahlkampf noch während der Kanzlerschaft war der SPD entgangen, dass Schröder nie einen echten Bezug zu seiner Partei hatte. Sie ließ ihn gewähren, wohl wissend, dass nur mit dem Niedersachsen die Zeit der Opposition beendet werden konnte. Wenngleich Schröder das Amt des Regierungschefs nicht als Parteivorsitzender übernahm, begann er doch früh seine Position in der SPD zu festigen. Denn Lafontaines Wille zu mehr Macht und Einfluss verleiteten ihn, in Schröders Kabinett einzutreten und sich so dem Bundeskanzler als dessen Minister unterzuordnen, während er gleichzeitig die Partei wegen der nun vorhandenen Doppelbelastung geradezu vernachlässigen musste.[349] Mit dem letztendlichen Rücktritt des Saarländers übernahm Schröder, wenn auch zögerlich, den Parteivorsitz und festigte seine Position erneut.

Angesichts des bisherigen Verhaltens des Kanzlers gegenüber seiner Partei, waren zahlreiche Genossen misstrauisch hinsichtlich der neuen Situation. Insbesondere nach der Veröffentlichung des „Schröder-Blair-Papiers" verlangten sie, dass der neue Parteichef stärker auf sie eingehen und gegenüber den sozialdemokratischen Traditionen mehr Respekt aufbringen soll.[350] Energischen Widerstand aber hatte Schröder nicht fürchten müssen. Denn die SPD war veraltet, geradezu erstarrt. Noch immer war sie die Partei von 1979, deren damals junge Mitglieder engagiert und kritisch die Politik ihres damaligen Kanzlers Schmidt begleiteten. Doch diese Aktivisten waren unter Schröder bereits älter, genügsamer, saturierter geworden. Längst waren sie in die Ämter gelangt, die sie zuvor angestrebt hatten. Mit pragmatischer und nicht kritischer Haltung verfolgten sie nun die Vorhaben ihres neuen Kanzlers. Der Wahlsieg hatte diese Tendenz weiter verstärkt. Durch den teuren Wahlkampf war die Parteikasse nahezu leer, führende Parteipolitiker wechselten aus der SPD-Zentrale in die Regierung und fügten sich so dem Kanzler, der in Folge des Umzugs der Bundesregierung nach Berlin erneut personelle Veränderungen

---

349 Vgl. Prantl, Heribert: Rot-Grün. Eine erste Bilanz, Hamburg 1999, S.64f.

350 Vgl. Leinemann, Jürgen: Noch ist ja nichts kaputt, in: Der Spiegel, 23.08.1999.

vornehmen konnte.[351] In Schröders Anfangszeit als Regierungschef und Parteivorsitzender war diese stillgelegte, zum Widerstand kaum willige Partei für ihn von Vorteil.[352] Schnell geriet das „Schröder-Blair-Papier" wieder in Vergessenheit. Die vorübergehende Rettung des Holzmann-Konzerns und die CDU-Spendenaffäre halfen Schröder, seine Position erneut zu stabilisieren. Dennoch, der Rücktritt Lafontaines, die Entscheidung für einen Krieg im Kosovo und das „Schröder-Blair-Papier" mit dessen mangelhafter Vermittlung gegenüber den unteren Gliederungen der Partei hinterließen Wunden.[353] Einzig die Erstarrung der SPD und der mangelnde Wille zum Widerstand verhinderten einen ersten Bruch.

Doch nicht nur die SPD, auch die Grünen traten in einem Zustand der Schwäche in die Regierung. Erstmalig gelangten sie auf Bundesebene in die Regierungsverantwortung, waren jedoch gleichzeitig von der SPD abhängig. Denn den Sozialdemokraten standen durch den Wahlsieg weitere Koalitionsoptionen, auch ohne die Grünen, offen. Die hingegen waren frühzeitig geschwächt. Die Zustimmung des Außenministers Fischer zu den NATO-Luftangriffen in Jugoslawien spaltete die Partei, die daraufhin erhebliche Einbußen bei Europa- und Landtagswahlen hinnehmen musste. Die Führung der Grünen, um Gunda Röstel und Antje Radcke, war jedoch nicht in der Lage der Situation Herr zu werden. Sie vermochten nicht den künftigen Weg vorzugeben, vorhandene Zweifel zu zerstreuen und konsequente Entscheidungen zu treffen.[354]

Frank-Walter Steinmeier trat sein Amt als Bundeskanzleramtschef demnach zu einem denkbar günstigen Zeitpunkt an. Ein Jahr lang konnte er aus

351 Vgl. Knaup, Horand et al.: Chaos mit Kanzler, in : Der Spiegel, 01.02.1999.

352 Vgl. Walter, Franz: Abschied von der Toskana. Die SPD in der Ära Schröder, Wiesbaden, 2.Aufl. 2005, S.19, 27.

353 Vgl. Fischer, Susanne/Knaup, Horand/Leinemann, Jürgen: Die weichste Stelle in der Partei, a.a.O.

354 Vgl. Richter, Saskia: Führung ohne Macht? Die Sprecher und Vorsitzenden der Grünen, in: Forkmann, Daniela/Schlieben, Michael (Hrsg.): Die Parteivorsitzenden der Bundesrepublik Deutschland 1949-2005, a.a.O, S.169-214, S.197.

den Fehlern Hombachs lernen und sich selbst profilieren, ohne dass die gemachten Fehler ihm zugerechnet wurden. Die eigene Partei befand sich fest in der Hand des neuen Vorsitzenden, der Koalitionspartner fügte sich ob des Wahlergebnisses und die CDU war durch den Spendenskandal geschwächt. In einer Zeit, in der der Wirtschaftsaufschwung den Staatsetat steigen und die Arbeitslosigkeit sinken ließ, begann daher der Mythos des unfehlbaren Frank-Walter Steinmeier, des „Dr. Makellos", zu reifen.[355] Konnte er jedoch von dieser Situation profitieren? Konnte er ein Netzwerk in Partei und Fraktion aufbauen, war er Berater des Kanzlers und Schnittstelle in der Koalition? Im Folgenden sollen Antworten auf diese Fragen gefunden werden.

IV.2.2.2 Verbindungsmann ohne Amt und Mandat

Gerhard Schröder war alles andere als tief verwurzelt in seiner Partei. Zwar entspricht sein Aufstieg aus ärmlichen Verhältnissen zum Anwalt und niedersächsischen Ministerpräsidenten dem eines echten Sozialdemokraten, jedoch diente auch die Partei nur als ein Mittel für diesen. Stets profilierte er sich gegen die SPD, missachtete deren Traditionen und Rituale und stellte sich als Außenseiter dar. Er nutzte die Medien an Stelle innerparteilicher Gremien und Verfahren und versuchte auf diesem Weg seine politischen Vorstellungen umzusetzen, auch während seiner Kanzlerschaft.[356] Doch Schröder war sich bewusst, dass er die Partei nicht dauerhaft missachten konnte, daher benötigte er Informationszuträger aus der SPD. Loyale Mitstreiter, die ihn gleichsam eines Frühwarnsystems rechtzeitig über Widerstände und Kritiker informieren konnten.

Sein Kanzleramtschef und langjähriger Vertrauter Steinmeier nahm, ohne jemals ein Parteiamt bekleidet zu haben, an den Sitzungen des Parteipräsidiums teil[357] und traf sich darüber hinaus jeden Montag mit dem damaligen Ge-

---

355 Vgl. Lütjen, Torben: Frank-Walter Steinmeier – Die Biografie, a.a.O., S.68.

356 Vgl. Korte, Karl-Rudolf: Gerhard Schröder ist kein Koalitionskanzler, in: Focus, 10.06.2000, S.52.

357 Vgl. Bannas, Günter: Vor dem Umzug, in: Frankfurter Allgemeine Zeitung, 26.07.1999, S.14.

neralsekretär Franz Müntefering,[358] der neben Schröder, Steinmeier und dem Fraktionsvorsitzenden Peter Struck ebenfalls Mitglied der dreimal wöchentlich tagenden Führungsrunde um den Kanzler war.[359] Tatsächlich aber war Steinmeier in der Partei nur schwach verankert, sein Aufstieg über Staatskanzlei und Bundeskanzleramt ließ überhaupt nichts anderes zu. Daher sind seine Beteiligung an den Präsidiumssitzungen und seine Absprachen mit Müntefering eher als Informationsaustausch zu werten, über ein umfassendes, größere Teile der Partei durchziehendes Netzwerk verfügte Steinmeier hingegen nicht.

Müntefering stattdessen schon. Als Sohn eines Fabrikarbeiters und gelernter Industriekaufmann verkörpert er die Wurzeln der SPD. Sein Aufstieg erfolgte über die Partei, er nahm an den Versammlungen und Gremien teil, sammelte Erfahrung in der SPD und deren Ämter.[360] Seine Authentizität und Glaubwürdigkeit machten ihn zum idealen Kandidaten für das neu geschaffene Amt des Generalsekretärs.[361] Damit gehörte er gleichzeitig zur Führungsrunde um den Kanzler, in der er die Partei repräsentierte und den Kanzler darüber informierte, wie weit die SPD dessen pragmatischen Regierungskurs mittragen würde.[362] Er hielt die SPD auf Abstand zu Schröder, nahm ihm die Parteiarbeit, insbesondere die innerparteiliche Vermittlung seiner Vorhaben, ab, gab ihr aber gleichzeitig das Gefühl, an Einfluss gewonnen zu haben.[363] Mit der Hilfe Münteferings hatte Schröder die Partei somit lange Zeit fest im Griff.

Steinmeiers Verankerung in der Partei war demnach schwach, nicht zuletzt wegen seines Aufstiegs abseits von ihr. In ähnlicher Weise galt dies auch

---

358 Vgl. Inacker, Michael J.: Frank-Walter Steinmeier – Schröders Mann im Hintergrund, in: Die Welt, 08.12.2000, S.12.

359 Vgl. Bannas, Günter: Politischer Beamter im Zentrum der Macht, in: Frankfurter Allgemeine Zeitung, 15.12.2000, S.4.

360 Vgl. Oeltzen, Anne-Kathrin/Forkmann, Daniela: Charismatiker, Kerner und Hedonisten. Die Parteivorsitzenden der SPD, a.a.O., S.64-118, S.112f.

361 Vgl. Dausend, Peter: Kaiser Franz, in: Die Welt, 04.12.2003, S.3.

362 Vgl. Inacker, Michael: Schröders System der Macht auf acht Etagen, in: Frankfurter Allge meine Sonntagszeitung, 30.04.2007, S.3.

363 Vgl. Korte, Karl-Rudolf: Die Machtmaschine, in: Rheinischer Merkur, 05.10.2000, S.3.

für die Fraktionsarbeit. Anders als Bohl hatte er vor seiner Tätigkeit im Bundeskanzleramt keinerlei Erfahrung mit der Bundestagsfraktion oder einzelnen Abgeordneten sammeln können. Lediglich in seiner Zeit als Staatssekretär unter Hombach konnte er sich mit der Fraktion vertraut machen. Er konnte erste Vertrauensbeziehungen aufbauen, die Gesetzmäßigkeiten der Bundestagsfraktion kennen lernen. Die Regierung und insbesondere der Bundeskanzler bedürfen jedoch einer intensiveren Beziehung zur Bundestagsfraktion. Dies galt vor allem für Gerhard Schröder, der seine Fraktion oft genug außen vor ließ und an deren Sitzungen nicht teilnahm.[364] Aus diesem Grund nahm Steinmeier selbst an den Zusammenkünften des geschäftsführenden Fraktionsvorstandes teil, um sich über mögliche Konflikte in Kenntnis setzen zu lassen und die Gesetzgebungsarbeit abzustimmen.[365] Mitglieder des erweiterten Fraktionsvorstandes hatten jedoch die Erfahrung gemacht, dass dort Vorlagen der Regierung ohne größeren Widerstand befürwortet wurden. Für das Verfahren im geschäftsführenden Vorstand wurde ein ähnliches Vorgehen angenommen, was zu begründeten Zweifeln hinsichtlich des Einflusses beider Gremien berechtigt.[366]

Wichtigster Kontakt in die Fraktion blieb jedoch deren Vorsitzender Peter Struck. Er war Teil des vierköpfigen Führungsgremiums und kannte jeden der 297 Abgeordneten der Fraktion. In seinen acht Jahren im Amt des Parlamentarischen Geschäftsführers, dass er bis 1998 ausübte, konnte er, ähnlich wie Bohl, umfassende Erfahrungen im Umgang mit den Parlamentariern sammeln und sich ein weitreichendes Netzwerk aufbauen, das ihm als Fraktionsvorsitzenden von nutzen war.[367] Primär oblag ihm die Aufgabe, die Fraktion auf den Kurs des Regierungschefs zu bringen und den Kanzleramtschef oder den Bun-

---

364 Vgl. Langguth, Gerd: Kohl, Schröder, Merkel. Machtmenschen, a.a.O., S.415.

365 Vgl. Ehrlich, Peter: Stiller Regisseur des Systems Schröder, in: Financial Times Deutschland, 05.06.2002, S.10.

366 Vgl. Bannas, Günter: Der Kanzler sagt „Basta" und alle gehorchen, in: Frankfurter Allge meine Zeitung, 11.11.2000, S.2.

367 Vgl. Casdorff, Stephan-Andreas: Struck rüttelt nicht am Zaun des Kanzleramtes, in: Stuttgarter Zeitung, 16.01.1999, S.3.

deskanzler auf mögliche Widerstände hinzuweisen.[368] Gleichzeitig wurde Struck stets rechtzeitig durch die Regierung informiert, um frühzeitig für Geschlossenheit in der Fraktion zu sorgen.[369] Zusätzlich zu Struck wurde Steinmeier nach der Übernahme seines Amtes als Kanzleramtschef mit Hans-Martin Bury ein Staatsminister unterstellt, der über langjährige Erfahrungen in der Fraktion verfügte. Er war während der ersten Legislaturperiode neben Struck der wichtigste Verbindungsmann Steinmeiers in der Fraktion, nahm an den Fragestunden im Parlament, an den Sitzungen des Ältestenrates und den Treffen der Fraktion teil.[370]

Nach wie vor bleibt unklar, wie stark Steinmeier in der Fraktion vernetzt war. Da ein Kanzleramtschef für gewöhnlich die letzte Instanz vor dem Bundeskanzler ist, ist es äußerst wahrscheinlich, dass zahlreiche Parlamentarier mit ihren Anliegen an ihn herangetreten sind, nicht zuletzt auch, weil sich der Kanzler nur ungern mit „Nebensächlichkeiten" auseinandersetzte und sich Steinmeier bereits unter Hombach großer Beliebtheit unter den Parlamentariern erfreute und bevorzugt vor dem damaligen Kanzleramtschef angesprochen wurde. Grundsätzlich war Steinmeier aber durch Hans-Martin Bury und Peter Struck, zumindest mittelbar, in der Fraktion verankert.

IV.2.2.3 Die rechte Hand des Kommissionskanzlers

Wenngleich Steinmeier gegenüber Partei und Fraktion nur bedingt als Frühwarnsystem fungiert haben mag, so war er für den Kanzler doch „die Unverzichtbarkeit in Person. Und daraus erwuchs seine Gestaltungsmacht, die er loyal und kreativ zu nutzen wusste."[371] Denn er sorgte dafür, „dass aus der Vielzahl an Vorschlägen, die jeden Tag an den Kanzler gerichtet werden, er

---

368 Vgl. Günsche, Karl-Ludwig: Die Manager der Macht in Turbulenzen, in: Stuttgarter Zeitung, 06.12.2000, S.3.

369 Vgl. Bannas, Günter: Adenauers „Geschwätz von gestern" heißt bei Schröder „Alles hat seine Zeit", in: Frankfurter Allgemeine Zeitung, 28.01.1999, S.3.

370 Vgl. Bannas, Günter: Vor dem Umzug, in: Frankfurter Allgemeine Zeitung, a.a.O.

371 Zitiert nach Michael Naumann, in: Langguth, Gerd: Kohl, Schröder, Merkel. Machtmenschen, a.a.O., S.251.

von den zehn wichtigsten auch erfährt."[372] Durch ihre langjährige Zusammenarbeit kannte Steinmeier die Befindlichkeiten seines Chefs, war gleichsam in der Lage, die Signale Schröders zu deuten.[373] Tatsächlich waren sich beide sehr ähnlich. Sie waren eher pragmatisch orientiert, stets gute Zuhörer und ungeduldig im Umgang mit Theoretikern. Visionäre jedoch, Persönlichkeiten, die „dem `Machertum´ Sinn, Perspektive, Ziel" verliehen hätten, waren sie nicht.[374]

Wegen seiner Bedeutung für den Kanzler durfte Steinmeier daher auch nicht in Schröders Küchenkabinett, seinem innersten Machtzirkel, fehlen. Eine Morgenlage, wie unter Kohl oder Merkel, gab es bei Schröder nicht,[375] wesentliche Fragen wurden stattdessen in einer kleinen Runde, bestehend aus dem Regierungschef, Steinmeier, Struck und Müntefering, getroffen. In diesem dreimal wöchentlich zusammentretenden Zirkel wurden die wichtigsten Entscheidungen gefällt. Durch die Anwesenden waren Regierungszentrale, Fraktion und Partei gleichermaßen eingebunden.[376] Steinmeier verfügte demnach über umfassenden Einfluss auf die Regierungsgeschäfte, der über die eines Ressortchefs weit hinaus ging.[377] Nicht zuletzt auch deshalb, weil er an den zahlreichen Kommissionen und Konsensrunden beteiligt war.

Unmittelbar nach dem Regierungswechsel 1998 lies Schröder zahlreiche dieser Runden einsetzen.[378] Nicht die Zahl dieser Gremien war jedoch entscheidend, im Gegenteil, vieles spricht dafür, dass die zahlenmäßige Entwick-

---

[372] Zitiert nach Frank-Walter Steinmeier, in: Gehrmann, Alva: Der Mann hinter dem Kanzler, in: Frankfurter Rundschau, 09.03.2005, S.28.

[373] Vgl. Wirtgen, Klaus: „Die Kakophonie war nicht zufällig", in: Berliner Zeitung, 21.12.2005, S.5.

[374] Vgl. Müller, Kay/Walter, Franz: Graue Eminenzen der Macht. Küchenkabinette in der deutschen Kanzlerdemokratie. Von Adenauer bis Schröder, a.a.O., S.175.

[375] Vgl. Langguth, Gerd: Kohl, Schröder, Merkel. Machtmenschen, a.a.O., S.414.

[376] Vgl. Günsche, Karl Ludwig: Die Manager der Macht in Turbulenzen, a.a.O.

[377] Vgl. Schwennicke, Christoph: Der Unersetzliche, in: Süddeutsche Zeitung, 19.07.2000.

[378] Vgl. Siefken, Sven T.: Regierten die Kommissionen? Eine Bilanz der rot-grünen Bundesregierung 1998-2005, in: Zeitschrift für Parlamentsfragen, Heft 3/2006, S.559-581.

lung der Expertengremien seit den 1980er Jahren eher rückläufig ist,[379] stattdessen änderte sich die öffentliche Wahrnehmung dieser Kommissionen. Verstärkt wurde über diese Runden in den Medien berichtet, auch weil Schröder versuchte, dieselben gezielt öffentlich zu inszenieren.[380] Das war jedoch nicht die einzige Neuerung. Denn während der Regierungszeit Schröders tagten die Kommissionen unmittelbar unter Leitung des Bundeskanzleramtes und dessen Chef. Steinmeier befürwortete diese Runden, sah er doch den ritualisierten Weg über Parteitagsbeschlüsse und Gesetzgebungsvorhaben als zu langwierig an. Vielmehr forderte er „eine neue, ergebnisorientierte Dialogkultur zwischen Politik, Wissenschaft, Wirtschaft und kritischer Öffentlichkeit," die im Rahmen von Konsensrunden „reform- und ergebnisorientiert" in den politischen Entscheidungsprozess einfließen sollte.[381] Für Steinmeier bedeuteten diese Runden einen weiteren Machtgewinn, frei von parlamentarischen und parteipolitischen Einflüssen. Bereits vor seiner Zeit als Kanzleramtschef wirkte er an den Gesprächen zum Atomausstieg mit,[382] bevor er im Februar 2000 deren Leitung übernahm[383] und im Juni 2000 an der Entscheidung über die Restlaufzeiten beteiligt war.[384] In ähnlicher Form begleitete Steinmeier auch das Bündnis für Arbeit, welches im Herbst 1998 eingesetzt und der Federführung des Bundeskanzleramtes unterstellt wurde.[385] Wenngleich bereits Hombach in der

---

379 Vgl. Siefken, Sven T.: Expertengremien der Bundesregierung – Fakten, Fiktionen, For schungsbedarf, in: Zeitschrift für Parlamentsfragen, Heft 3/2003, S.483-504, S.503.

380 Vgl. Stüwe, Klaus: Informelles Regieren. Die Kanzlerschaften Gerhard Schröders und Helmut Kohls im Vergleich, a.a.O., S.556.

381 Vgl. Steinmeier, Frank-Walter: Konsens und Führung, in: Müntefering, Franz/Machnig, Matthias (Hrsg.): Sicherheit im Wandel. Neue Solidarität im 21. Jahrhundert, Berlin 2001, S.263-272, S.264f.

382 Vgl. Siebenmorgen, Peter: Rot-Grün sucht den Burgfrieden, in: Welt am Sonntag, 10.01.1999, S.4.

383 Vgl. Raschke, Joachim: Die Zukunft der Grünen, Frankfurt/Main 2001, S.189.

384 Vgl. Schmiese, Wulf: Die Grünen-Chefin inszeniert den Störfall, in: Die Welt, 16.06.2000, S.3.

385 Vgl. Heinze, Rolf G.: Das „Bündnis für Arbeit" – Innovativer Konsens oder institutionelle Erstarrung?, in: Egle, Christoph/Ostheim, Tobias/Zohlnhöfer (Hrsg.): Das Rot-Grüne Projekt.

Rolle des Koordinators auftrat, zeitigte das Bündnis erst unter der Leitung Steinmeiers, der wesentlich für die Abstimmung und Vermittlung zuständig war, erste Erfolge.[386] Nichtsdestotrotz wurde dem Bündnis im weiteren Verlauf der Amtszeit Schröders immer weniger Beachtung geschenkt, bis es schließlich im März 2003 aufgrund der Differenzen zwischen Arbeitnehmern und Arbeitgebern scheiterte.[387]

Mit der Einsetzung derartiger Kommissionen wird eines besonders deutlich: Schröder wollte es nicht seiner Partei überlassen, tragfähige Zukunftskonzepte für die Bundesrepublik zu entwickeln. Vielmehr legte er Wert darauf, den Dialog in den Konsensrunden, nicht zuletzt durch seinen Kanzleramtschef Steinmeier, kontrollieren und in gewissem Maße auch steuern zu können. Widerstände durch parteiinterne oder parlamentarische Gremien konnte er so umgehen. Doch fühlte sich die SPD durch diesen Weg missachtet, die Fraktion zu wenig in den Entscheidungsprozess eingebunden. Steinmeier aber konnte seine Stärken ausspielen. Einmal mehr trat er als Koordinator und Verhandler, als Schlichter und Organisator auf.[388] Für Schröder war er damit der wichtigste Mann. Sie ergänzten sich, Steinmeier nahm seinem Kanzler die kleinteilige Detailarbeit ab, während Schröder seinem Kanzleramtschef voll vertraute und ihm umfassenden Freiraum ließ. Die Autorität des Staatssekretärs Steinmeier, abgeleitet aus seiner Unersetzlichkeit, war daher unbestritten. Doch auch er war der Ansicht, dass die bloße Nähe zum Regierungschef dafür nicht ausreichend ist. „Natürlich ist das eine abgeleitete Macht, die ich habe, aber ich kann nicht dreimal am Tag mit dem Argument kommen, der Kanzler habe das so gesagt".[389] Damit war auch Steinmeier auf die Anerkennung eigener Kompe-

---

Eine Bilanz der Regierung Schröder 1998-2002, Wiesbaden 2003, S.137-161, S.143.

386 Vgl. ebd., S.148.

387 Vgl. Korte, Karl-Rudolf: Der Pragmatiker des Augenblicks: Das Politikmanagement von Bundeskanzler Gerhard Schröder 2002-2005, in: Egle, Christoph/Zohlnhöfer (Hrsg.): Ende des Rot-Grünen Projekts. Eine Bilanz der Regierung Schröder 2002-2005, Wiesbaden 2007, S.168-196, S.174.

388 Vgl. Lütjen, Torben: Frank-Walter Steinmeier – Die Biografie, a.a.O., S.65ff.

389 Vgl. Emundts, Corinna: Kanzler in der Krise 3: Kann er Schröder retten?, in: Cicero,

tenzen angewiesen. Kompetenzen, die er sich wesentlich auch während seiner Tätigkeit unter Bodo Hombach angeeignet hatte. Er verdiente sich Respekt, weil er die eigentliche Arbeit im Kanzleramt machte und weil er sich wohltuend vom damaligen Kanzleramtschef unterschied. Als Leiter der Regierungszentrale setzte er dies mit seinem Verhalten gegenüber Fraktion und Koalitionspartner fort.

IV.2.2.4 Koordinator in einem ungleichen Bündnis

Steinmeier war, trotz seines Ranges als Staatssekretär, Mitglied des Kabinetts.[390] Dennoch, die wichtigen Entscheidungen der Regierung Schröder wurden nicht dort getroffen. Dies galt ebenso für den im Koalitionsvertrag vorgesehenen Koalitionsausschuss, der frühzeitig durch die Medien zu einem Krisenausschuss umgedeutet wurde. Die hohe Zahl seiner Mitglieder, acht jeder Partei, ließ zudem eine wirkliche Entscheidungsfindung gar nicht zu. Stattdessen wurde auf Druck der Grünen eine kleinere Koalitionsrunde als Ersatzgremium geschaffen, die lediglich bis zum Ende des Jahres 1999 häufiger zusammentrat, jedoch, entgegen früherer Koalitionen, nicht als eigentliches Entscheidungsgremium fungierte.[391] Vielmehr beriet sich Schröder in einer erweiterten Runde seines vierköpfigen Führungsgremiums mit Joschka Fischer und den Fraktionsvorsitzenden der Grünen, Rezzo Schlauch und Kerstin Müller.[392] Die Vertreter von SPD und Grünen kamen jedoch nur unregelmäßig zusammen. Einzige Ausnahme bildete da lediglich die Zeit nach den Terroranschlägen des 11. September, in der es zu regelmäßigen Treffen der Spitzen der Koalitionsparteien kam, um über einen möglichen Einsatz in Afghanistan und die Zukunft der Koalition in einem solchen Fall zu sprechen. Steinmeier war an diesen ebenso beteiligt,[393] wie an der eingerichteten „Sicherheitslage". In

---

26.07.2004.

390 Vgl. Schütz, Hans Peter: Aktenfresser statt Sprücheklopfer, a.aO.

391 Vgl. Raschke, Joachim: Die Zukunft der Grünen, a.a.O., S.132.

392 Vgl. Pries, Knut: Strippenzieherei als ehrbares Gewerbe, in: Frankfurter Rundschau, 16.03.2000, S.3.

393 Vgl. o.V.: Test für die Belastbarkeit der Koalition, in: Süddeutsche Zeitung, 22.09.2001, S.1.

seiner Funktion als Koordinator der Geheimdienste wohnte er dieser neben Schröder, Schily, Scharping und Fischer bei.[394]

Bleibt zu fragen, warum die Bedeutung der Koalitionsrunde gegenüber der Regierung Kohl derart geschmälert und die Grünen nur sporadisch in den Entscheidungsprozess eingebunden wurden? Noch vor der gemeinsamen Regierungszeit sollte die SPD stärker auf grüne Themen eingehen, um die politische Schnittmenge vergrößern und politische Ziele definieren zu können. Doch mit dem Wahlsieg, der die SPD gestärkt und mit weiteren Koalitionsoptionen hinterließ, die Grünen jedoch schwächte, fehlte der Zwang zu einer programmatischen Kompromisssuche.[395] Bereits mit der Verteilung der Kabinettsposten wurde das Fehlen eines gemeinsamen rot-grünen Reformprojekts deutlich. Während sich die SPD der Bekämpfung der Arbeitslosigkeit und der Haushaltssanierung annahm, besetzten die Grünen Ministerien, die sich eher postmaterialistischen Themengebieten widmeten. Eine gemeinsame Entscheidungsfindung in einer Runde wurde somit unnötig. Darüber hinaus verhinderte die in der Parteisatzung der Grünen festgelegte Trennung von Amt und Mandat die Stärkung einer Koalitionsrunde.[396]

Letztlich dürfte aber auch der Regierungsstil Schröders eine weitergehende Einbindung des Koalitionspartners verhindert haben. Der Kanzler war sich durchaus seiner Koalitionsoptionen bewusst, sah die Grünen daher nur als Beigabe im Regierungsbündnis. Er selbst beschrieb die Beziehung zwischen den Bündnispartnern als ein „Verhältnis zwischen Koch und Kellner“, bei dem der Koch unersetzbar, der Kellner hingegen austauschbar sei.[397] Obwohl Schröder, wie mehrfach in dieser Studie gezeigt, Konsensrunden durchaus

---

394 Vgl. Günsche, Karl-Ludwig: Konzentriert, sachkundig und sachlich, in: Stuttgarter Zeitung, 18.09.2001, S.3.

395 Vgl. Sturm, Roland: Rückblick auf sechs Jahre Rot-Grün. Die Auswirkungen rot-grüner Regierungsarbeit auf das Parteiensystem, in: Zehetmair, Hans (Hrsg.): Das deutsche Parteiensystem. Perspektiven für das 21. Jahrhundert, Wiesbaden 2004, S.45-57, S.55f.

396 Vgl. Stüwe, Klaus: Informelles Regieren. Die Kanzlerschaften Gerhard Schröders und Helmut Kohls im Vergleich, a.a.O., S.551.

397 Vgl. Korte, Karl-Rudolf: Gerhard Schröder ist kein Koalitionskanzler, a.a.O.

schätzte, so schätzte er sie doch eher ohne den grünen Koalitionspartner. Er war der Ansicht, dass er sich direkt an Fischer oder Schlauch wenden könne, eine eigens etablierte Runde hielt er jedoch für unnötig.[398] So wurden wesentliche Entscheidungen direkt zwischen dem Kanzler und seinem Außenminister besprochen, während sich Schröder häufig auch persönlich an Schlauch wandte, den er gerne anrief oder spontan zu Fußballabenden einlud.[399] Zudem pflegten auch Steinmeier und Struck den Kontakt zu Schlauch, der schon zu Hombachs Zeiten bevorzugt den Staatssekretär und gerade nicht den damaligen Kanzleramtschef konsultierte. Steinmeier wiederum gab Informationen, auch personalpolitischer Natur, insbesondere an die grüne Fraktionsführung weiter.[400] Trotz des guten Verhältnisses zwischen Schröder und Schlauch war der Kanzleramtschef grundsätzlich der wichtigste Ansprechpartner für die Grünen.[401] Mit der Übernahme des Parteivorsitzes im Jahr 2000 wurde schließlich auch Fritz Kuhn stärker in die Steuerung der Koalitionsgeschäfte eingebunden.[402]

Bleibt festzuhalten, dass die Beziehungen zwischen einzelnen Spitzenleuten der Sozialdemokraten und Grünen zuweilen sehr gut waren, sie sich jedoch auf einen kleinen Kreis beschränkten. Nicht zuletzt, da Fischer lange Zeit als „heimlicher Vorsitzender" der Grünen galt, der mit Schlauch und Kuhn einflussreiche und loyale Verbündete hatte, war dies ausreichend.[403] Jedoch beschränkte sich Fischer nach dem Ende der Gespräche über den Atomausstieg vor allem auf die Außenpolitik, während Schlauch ohnehin eher Konflikte vermied.[404] Für Schröder und insbesondere Steinmeier war die Konzentration der grünen Führung auf wenige Personen sowie deren kooperative Haltung

---

398 Vgl. Raschke, Joachim: Die Zukunft der Grünen, a.a.O., S.133.

399 Vgl. Kaspari, Nicole: Gerhard Schröder – Political Leadership im Spannungsfeld zwischen Machtstreben und politischer Verantwortung, Frankfurt/Main 2008, S.246.

400 Vgl. Bannas, Günter: Politischer Beamter im Zentrum der Macht, a.a.O.

401 Vgl. Raschke, Joachim: Die Zukunft der Grünen, a.a.O., S.134.

402 Vgl. Rulf, Dieter: Bröckelnder Eckpfeiler, in: Die Woche, 01.03.2001, S.5.

403 Vgl. Raschke, Joachim: Die Zukunft der Grünen, a.a.O., S.50.

404 Vgl. ebd., S.269.

von Vorteil, reduzierte sich der Aufwand der Koordinierung doch auf ein Minimum.

Im Laufe der ersten Amtszeit Schröders wurde jedoch auch die Position Fischers durch seine erneut ins Licht der Öffentlichkeit geratene Vergangenheit geschwächt. Wo er zuvor als Alleinregent herrschte, teilte er sich ab Juni 2001 mit den neuen Parteivorsitzenden Kuhn und Künast die Macht. Ein Ausscheiden Fischers, so hieß es damals im Focus, hätte nicht mehr den Untergang der Koalition zur Folge gehabt.[405] Sogleich kritisierten die neuen Vorsitzenden den Mangel an Abstimmung innerhalb des Regierungsbündnisses, die bis dato nur über die Frühstücksrunden zwischen den Fraktionsvorsitzenden und zahlreichen Besuchen bzw. Anrufen beim Chef des Kanzleramtes erfolgte. Zwar hatten Kuhn und Künast Erfolg, die Koalitionsrunde traf sich im November 2000 erneut, jedoch blieben regelmäßige Treffen ebenso aus, wie eine Beteiligung der Grünen am strategischen Zentrum der Sozialdemokraten.[406]

IV.2.2.5 Die zweite Legislaturperiode – Veränderte Machtverhältnisse?

Mit dem Ende der ersten Legislaturperiode schien schließlich eines klar zu sein: ein wirklich nachhaltiges rot-grünes Projekt hat es nie gegeben und wenn, dann wurde es in den ersten zwei Jahren mit der Änderung des Einwanderungsgesetzes und den Ergebnissen des Atomkonsenses verwirklicht. Ein größeres Ziel, mit dem Rot-Grün weiter hätte verbunden werden können, gab es nicht mehr und der Kanzler war nicht bestrebt, dies zu ändern.[407] Doch nicht nur das Projekt, auch die Bündnispartner unterlagen einem Wandel. Schröder hatte die SPD weiter entideologisiert und ihr den Einfluss entzogen. Mit dem „Schröder-Blair-Papier“ missachtete der Kanzler einmal mehr die Identität seiner Partei und deren Traditionen. Mit seinen Kommissionen und Konsensrunden entmachtete er die vorhandenen innerparteilichen Strukturen, schloss die Partei vom Zielfindungsprozess aus. Noch blieb die SPD in ihrem Widerstand verhalten, doch Schröder hatte tiefe Wunden hinterlassen.

---

405 Vgl. Brüning, Nicola/Opitz, Olaf: Troika auf dünnem Eis, in: Focus, 05.03.2001.

406 Vgl. Raschke, Joachim: Die Zukunft der Grünen, a.a.O., S.411f, 117.

407 Vgl. Lütjen, Torben: Frank-Walter Steinmeier – Die Biografie, a.a.O., S.75.

Auch für die Grünen blieb die Koalition nicht folgenlos. Sie waren gezwungen, sich von Positionen zu verabschieden, die vormals wesentlicher Ausdruck der grünen Identität gewesen sind. Die aus Sicht der Partei nach wie vor unzureichenden Beschlüsse über den Atomausstieg, die noch immer rollenden Castor-Transporte, aber auch die Rüstungsexporte und Militärinterventionen,[408] machten eine programmatische Anpassung an die veränderte Rolle „von der Protest- zur Regierungspartei" notwendig.[409] Trotz dieses erheblichen Wandels gelang es den Grünen jedoch nicht, neue Themen zu besetzen. Stattdessen mieden sie Auseinandersetzungen, sowohl mit sich selbst als auch mit dem Koalitionspartner. Die Koalition blieb letztlich vor allem deshalb stabil, weil die Grünen in ihrer Schwäche verharrten.[410]

Mit Beginn des Wahlkampfes 2002 sollte sich Schröder einmal mehr gegen die eigene Partei profilieren, um erneut Stimmen des bürgerlichen Lagers zu gewinnen. Treibende Kraft hinter dieser Strategie waren in diesem Fall der Kanzleramtschef und dessen Leiter der Planungsabteilung Wolfgang Nowak.[411] Tatsächlich legte Schröder in Umfragen vor der Wahl in den Persönlichkeitswerten zu, während die Werte seiner Partei abnahmen. Dies förderte einmal mehr Kritik aus der SPD zu Tage, nicht zuletzt auch deshalb, weil die „große sozialdemokratische Erzählung" nicht mehr vorhanden war und durch die Parteiführung nicht nachgeliefert wurde.[412] Letztlich sicherte sich Schröder mit seinem „Nein" zu einem sich abzeichnenden Irak-Krieg und seinem Engagement während des Jahrhunderthochwassers der Elbe, in deren Verlauf es

---

[408] Vgl. Hoffmann, Jürgen: Zustand und Perspektiven der Grünen, in: Zehetmair, Hans (Hrsg.): Das deutsche Parteiensystem. Perspektiven für das 21. Jahrhundert, a.a.O., S.117-136, S.117.

[409] Zitiert nach Joschka Fischer, in: Sturm, Roland: Rückblick auf sechs Jahre Rot-Grün. Die Auswirkungen rot-grüner Regierungsarbeit auf das Parteiensystem, a.a.O., S.50.

[410] Vgl. Prantl, Heribert: Rot-Grün. Eine erste Bilanz, a.a.O., S.81, 77.

[411] Vgl. Inacker, Michael: Schröder als Meister der Netzwerke, in: Frankfurter Allgemeine Sonntagszeitung, 03.06.2001, S.4.

[412] Vgl. Inacker, Michael: Schröders sozialdemokratische Notgemeinschaft, 02.06.2002, S.3.

Steinmeier war, der ein Sofortprogramm aufstellte,[413] den Sieg gegen seinen Herausforderer Stoiber.[414] Nach dem knappen Wahlsieg zeichnete sich zunächst eine „Resozialdemokratisierung" des wiedergewählten Kanzlers ab. Schröder hatte erkannt, dass der Sieg ohne seine Partei nicht möglich gewesen wäre. Er zog sich aus der Öffentlichkeit zurück, beriet sich bereits nach der Wahl mit der Parteispitze und einzelnen SPD-Gruppierungen.[415]

Mit dem Wahlsieg waren jedoch auch personelle Veränderungen verbunden, die das Machtgeflecht aus Partei und Fraktion, Kanzler und Koalition beeinträchtigten. Am schwersten wog dabei wohl der Wechsel Münteferings an die Spitze der Bundestagsfraktion. Als Generalsekretär wirkte er wie ein heimlicher Parteivorsitzender, nahm Schröder die Parteiarbeit ab und sorgte für Verknüpfung zwischen Regierung und Sozialdemokraten. Seinem Nachfolger Scholz hingegen fehlte die tiefe Verankerung in der SPD.[416] Scholz war nunmehr auch Mitglied der nach wie vor entscheidenden Steuerungsgruppe um Schröder, der noch immer Müntefering, jetzt als Repräsentant der Fraktion, und Steinmeier angehörten.[417] Eine umfassende personelle Erneuerung nahm Schröder hingegen nicht vor, im Gegenteil, nach dem Wahlsieg war er einsamer denn je. Neben seiner Frau Doris Schröder-Köpf und seiner Büroleiterin Sigrid Krampitz blieben ihm nur noch der Pressesprecher Béla Anda, einzelne Minister und Steinmeier selbst als zuverlässige Helfer.[418]

Hinzu kam, während die SPD an Wählerstimmen verlor, gewann der Koalitionspartner hinzu und war nun entscheidend für den Fortbestand des

---

413 Vgl. o.V.: Hilfreiche und weniger hilfreiche Geister im Hintergrund, in: Berliner Zeitung, 22.10.2002, S.6.

414 Vgl. Lütjen, Torben: Frank-Walter Steinmeier – Die Biografie, a.a.O., S.76.

415 Vgl. Hoidn-Borschers, Andreas: Reif für die Insel, in: Stern, 13.11.2002.

416 Vgl. Raschke, Joachim: Wo die Ziele unklar sind, gibt es auch keine Strategie, in: Frankfurter Rundschau 17.05.2003, S.7.

417 Vgl. Bannas, Günter: Erwartungen an Schröder, in: Frankfurter Allgemeine Zeitung, 26.11.2002, S.3.

418 Vgl. Inacker, Michael: Der Einsame, in: Frankfurter Allgemeine Sonntagszeitung, 30.09.2002, S.10.

Regierungsbündnisses. Doch trotz des grünen Wahlerfolgs, den folgenden Stimmengewinnen bei Landtagswahlen und den vielversprechenden Umfragewerten blieb das Gewicht der Partei innerhalb der Koalition schwach. Fischer, dessen außenpolitisches Ressort für die Profilierung der Grünen nur mäßig geeignet war, vermied es weitgehend grüne Positionen klar gegenüber dem Kanzler zu vertreten, während die nach wie vor bestehende Trennung von Amt und Mandat noch immer verhinderte, dass führende Parteipolitiker gleichzeitig wichtige Posten in der Regierung bekleiden konnten.[419] Daher mussten die Parteivorsitzenden Fritz Kuhn und Claudia Roth, die mit der Wahl in den Bundestag eingezogen waren, die Parteispitze wieder verlassen. Deren Nachfolger Rainer Bütikofer und Angelika Beer waren jedoch weit weniger effizient. Sie funktionierten nicht als Team, stellten vielmehr eine Notlösung dar.[420] Die Grünen blieben folglich schwach im Regierungsbündnis, waren nach wie vor weder in der Schröderschen Steuerungsgruppe noch im informellen Beratungs- und Planungsstab im Bundeskanzleramt, dem sogenannten „Steinmeier-Kreis“, vertreten.

IV.2.2.6 Der „Steinmeier-Kreis“ und dessen „Agenda 2010“

Mit dem Wahlsieg 1998 löste Schröder die unter Kohl geschaffene Planungsabteilung auf, beließ jedoch das Lagezentrum im Büro des neuen Kanzleramtschefs Hombach und erweiterte dieses um ein Referat für Projektentwicklung. Mit Hombachs Rücktritt belebte Schröder zwar die Planungsabteilung unter Leitung des Hombach-Vertrauten Wolfgang Nowak neu,[421] jedoch verfügte Steinmeier bereits nach der gewonnenen Wahl 2002 über die Auflösung der Planungsabteilung, nicht zuletzt, da Nowak eine ähnliche politisch-

---

419 Vgl. Sturm, Roland: Rückblick auf sechs Jahre Rot-Grün. Die Auswirkungen rot-grüner Regierungsarbeit auf das Parteiensystem, a.a.O., S.52.

420 Vgl. Richter, Saskia: Führung ohne Macht? Die Sprecher und Vorsitzenden der Grünen, in: Forkmann, Daniela/Schlieben, Michael (Hrsg.): Die Parteivorsitzenden der Bundesrepublik Deutschland 1949-2005, a.a.O, S.169-214, S.203f.

421 Vgl. Knoll, Thomas: Das Bonner Bundeskanzleramt. Organisation und Funktion von 1949-1999, a.a.O., S.390f, 400f.

programmatische Richtung wie der frühere Kanzleramtschef einschlug.[422] Im Zuge der Auflösung der Abteilung wurden mit den Referaten „Dialog mit Wissenschaft“ und „Politische Planung“ zwei weitere Planungseinheiten unmittelbar in das Büro des Kanzleramtschefs verlegt.[423] Nach der hinzugewonnenen „Planungshoheit“ schuf der Leiter der Regierungszentrale den sogenannten „Steinmeier-Kreis“, der aus einem halben Dutzend Vertrauter einschließlich der Büroleiterin Schröders, Sigrid Krampitz, bestand. Aufgabe der Runde war es im Wesentlichen die aktuelle politische Lage zu analysieren und Strategien zu entwickeln.[424] Mit diesem neuen Planungsinstrument gelang es Steinmeier, abseits von Eingriffen der Ministerien und des Koalitionspartners, seinen Einfluss auf die Regierung weiter auszubauen. Erstes Ergebnis dieser Runde war ein „Strategiepapier“ zur Sozialreform, dessen Inhalt sich im Widerspruch zum offiziellen Kurs der Umweltministerin Schmidt befand.[425] Das wichtigste Papier dieser Runde blieb jedoch die „Agenda 2010“.

Bereits kurz nach der Bundestagswahl 2002 befand sich der Kanzler erneut in einer Krise. Im November hatte die Arbeitslosigkeit die 4 Millionen-Marke überschritten, die Wirtschaftskraft sank und die Machtworte des Kanzlers verhallten.[426] Für Schröder war klar, dass er handeln musste. „Schon vor Weihnachten 2002 hatten Frank-Walter Steinmeier, mein Chef des Kanzleramtes, und ich die Lage nach den Koalitionsverhandlungen schonungslos analysiert. Uns war klar, dass wir die Legislaturperiode mit der Koalitionsvereinbarung nicht würden überstehen können. Wir waren uns einig. Die Zeit war reif für ein offensives Reformprogramm, das weit über den Koalitionsvertrag hinausreichte. Ich bat Steinmeier, Elemente eines solchen Programms zu entwerfen.“[427] Bereits Mitte Dezember 2002 bereitete eine kleine Gruppe, bestehend

---

422 Vgl. Lütjen, Torben: Frank-Walter Steinmeier – Die Biografie, a.a.O., S.74.

423 Vgl. Siebenmorgen, Peter: Vordenker im Vorzimmer, in: Der Tagesspiegel, 25.10.2002, S.4.

424 Vgl. Korte, Karl-Rudolf: Der Pragmatiker des Augenblicks: Das Politikmanagement von Bundeskanzler Gerhard Schröder 2002-2005, a.a.O., S.182.

425 Vgl. Blome, Nikolaus: Steinmeier bekommt mehr Einfluss, in: Die Welt, 28.12.2002, S.2.

426 Vgl. Brüning, Nicola et al.: Große Koalition im Kleinen, in: Focus, 16.12.2002, S.22.

427 Vgl. Schröder, Gerhard: Entscheidungen. Mein Leben in der Politik, Hamburg 2006, S.390f.

aus Mitgliedern des Bundeskanzleramtes und führenden Mitarbeitern des Wirtschaftsministers Clement unter Leitung von Steinmeier, ein Strategiepapier vor. Die Verfasser traten für mehr Wettbewerb, Eigenverantwortung und Eigenvorsorge ein.[428] Doch das Papier, welches am 20.12.2002 im Tagesspiegel veröffentlicht wurde, fand wenig Beachtung.[429] Im Anschluss an die Veröffentlichung trafen sich Schröder, Steinmeier, Müntefering, Scholz und Clement in einer zweiten Phase erneut. Es wurde vereinbart, ein Reformpaket durch Zuarbeiten aus dem Bundeskanzleramt, der Parteizentrale und dem Bundeswirtschaftsministerium zu konzipieren.[430] Noch vor der Veröffentlichung der eigentlichen Agenda sprach Schröder, zur Absicherung seiner Reformpolitik, mit einzelnen Kabinettsmitgliedern und Ministerpräsidenten sowie mit Vize-Kanzler und Außenminister Fischer. Auch Müntefering führte einzelne Gespräche, wobei sich auch in der Partei Initiativen bildeten, die alternative Reformkonzepte vorsahen.[431] Mit der Vorstellung der Agenda im Bundestag musste Schröder allerdings seine erste Niederlage hinnehmen. Denn es war nicht er, sondern sein Fraktionsvorsitzender Müntefering, der den Applaus erhielt.[432] Denn die Bundestagsfraktion war verärgert, fühlte sich unzureichend in die Erarbeitung des Papiers eingebunden.[433]

Mit seiner Reformpolitik war es dem Kanzler zu seinem Missfallen gelungen, in der zuvor erstarrten Partei wieder Widerstand hervorzurufen, wenngleich dieser ebenso konzeptionslos war, wie der Kanzler selbst.[434] Dennoch

---

428 Vgl. Bannas, Günter: Vielfach durcheinander gewirbelt, in: Frankfurter Allgemeine Zeitung, 19.12.2003, S.3.

429 Vgl. Geyer, Matthias/Kurbjuweit, Dirk: Langer Anlauf, kurzer Sprung, in: Der Spiegel, 19.07.2004.

430 Vgl. Gumny, Armin: Regieren im politischen System der BRD am Beispiel der Agenda 2010, Marburg 2006, S.61.

431 Vgl. Korte, Karl-Rudolf: Der Pragmatiker des Augenblicks: Das Politikmanagement von Bundeskanzler Gerhard Schröder 2002-2005, a.a.O., S.177.

432 Vgl. Bannas, Günter: König ohne Land, in: Frankfurter Allgemeine Zeitung, 21.07.2005, S.3.

433 Vgl. Langguth, Gerd: Kohl, Schröder, Merkel. Machtmenschen, a.a.O., S.303.

434 Vgl. Walter, Franz: Abschied von der Toskana. Die SPD in der Ära Schröder, a.a.O., S.118.

spaltete die Agenda die SPD in zwei Lager, wobei insbesondere deren fehlender Sinn und Zweck beklagt und die mangelhafte Vermittlungsleistung kritisiert wurden. Nach wie vor fehlte den Parteiaktivisten die sozialdemokratische Erzählung, die insbesondere für die Akzeptanz dieser Reformpolitik von Nöten gewesen wäre.[435] Im Zuge der Kritik berief Schröder erneut sein Kleeblatt ein, um sich von Scholz und Müntefering über die Stimmung in Partei und Fraktion informieren zu lassen.[436] Obwohl Müntefering kein Parteiamt mehr bekleidete, war er es, der in Deutschland umher reiste und versuchte, der Parteibasis die Agenda-Politik näher zu bringen. Eine Aufgabe, die eigentlich Scholz als Generalsekretär oblägen hätte.[437] Der folgende Parteitag in Bochum, im November 2003, wurde zum Desaster für Schröder und seine wichtigsten Helfer Olaf Scholz und Wolfgang Clement.[438] Müntefering hingegen wurde erneut gestärkt, war nun nicht mehr nur gewählter Fraktionsvorsitzender, sondern auch De-facto-Generalsekretär und heimlicher Parteivorsitzender.[439]

Mit der „Agenda 2010“ war es Schröder gelungen, „unter den sozialdemokratischen Multiplikatoren und der Kernklientel in der Wählerschaft, eine historisch einzigartige Erosion“ auszulösen, die das „Machtfundament“ der rot-grünen Regierung gefährdete.[440] Von Dezember 2002 bis Dezember 2003 verlor allein die SPD nahezu 40.000 Mitglieder[441]. Im Februar 2004 erhielten die Sozialdemokraten bei den Wahlen zur Hamburger Bürgerschaft lediglich 30% der abgegebenen Wählerstimmen, während die CDU die Sozialdemokra-

---

435 Vgl. Lütjen, Torben: Frank-Walter Steinmeier – Die Biografie, a.a.O., S.78f.

436 Vgl. Schwennicke, Christoph: Politische Hausbesichtigung bei Schröder, in: Süddeutsche Zeitung, 25.04.2003, S.6.

437 Vgl. Oeltzen, Anne-Kathrin/Forkmann, Daniela: Charismatiker, Kerner und Hedonisten. Die Parteivorsitzenden der SPD, a.a.O., S.114.

438 Vgl. Bannas, Günter: König ohne Land, a.a.O.

439 Vgl. Dausend, Peter: Kaiser Franz, a.a.O.

440 Vgl. Richter, Saskia/Schlieben, Michael/ Walter, Franz: Rot-Grüne Koalitionen – Zukunfts perspektive oder Auslaufmodell?, in: Zehetmair, Hans (Hrsg.): Das deutsche Parteiensystem. Perspektiven für das 21. Jahrhundert, a.a.O., S.58-78, S.68.

441 Vgl. Birnbaum, Robert/Siebenmorgen, Peter: Phantomschmerzen nach der Notoperation, in: Der Tagesspiegel, 09.02.2004, S.3.

ten bei den unter 30-Jährigen und den Arbeitern überholte. Vermutlich wäre das Ergebnis noch schlechter ausgefallen, hätte Müntefering nicht zu Beginn des Monats den Parteivorsitz von Schröder übernommen.[442] In Folge dessen konnte er seine Macht noch erweitern, versammelte jeden Montagmorgen die sozialdemokratischen Entscheidungsträger, zu denen neben dem Parteivorsitzenden auch Steinmeier, Anda, Benneter und Schwanitz gehörten, nun nicht mehr im Bundeskanzleramt sondern im Willy-Brandt-Haus.[443]

Doch nicht nur Müntefering hatte im Laufe der zweiten Amtszeit Schröders an Macht gewinnen können. Vor allem Steinmeier konnte seinen Einfluss mit der Zeit ausdehnen. Er sei die treibende Kraft hinter der „Agenda 2010“ gewesen, habe den Kanzler geradezu dazu drängen müssen, behauptet einer der engsten Mitarbeiter des Kanzleramtschefs. Mit der Veröffentlichung der Agenda weitete sich sein Handlungsspielraum schließlich erneut aus. Zu dieser Zeit gab er nicht mehr nur Entscheidungsalternativen vor, er entschied zuweilen sogar selbst. Damit verließ der Kanzleramtschef die Rolle des bloßen Verwaltungschefs und Sekretärs, wirkte von nun aktiv an der Politik des Kanzlers mit. Der Grund dafür lag nicht zuletzt in der Ermüdung des Bundeskanzlers. Schröder war es leid, sich permanent gegenüber Partei, Fraktion und Öffentlichkeit rechtfertigen zu müssen. Er zog sich immer weiter zurück, stellte den Kontakt zur Außenwelt ein, überließ die Arbeit seinen Vertrauten.[444]

Die Grünen hingegen, die während der Ausarbeitung der Agenda in keinster Weise beteiligt und nun auch nicht mit deren Inhalt in Verbindung gebracht wurden, trugen keinen Schaden bei den Wahlen davon. Stattdessen gewannen sie seit der Bundestagswahl 2002 in jeder folgenden Wahl hinzu, bis auch sie im Zuge der Landtagswahl in Nordrhein-Westfalen im Mai 2005 wieder Verluste verzeichnen mussten.[445]

---

442 Vgl. Prantl, Heribert: Rot-Grün. Eine erste Bilanz, a.a.O., S.105f.

443 Vgl. Gehrmann, Alva: Der Mann hinter dem Kanzler, a.a.O.

444 Vgl. Lütjen, Torben: Frank-Walter Steinmeier – Die Biografie, a.a.O., S.81f, 85.

445 Vgl. Egle, Christoph: In der Regierung erstarrt? Die Entwicklung von B90/Die Grünen 2002-2005, in: Egle, Christoph/Zohlnhöfer (Hrsg.): Ende des Rot-Grünen Projekts. Eine Bilanz der Regierung Schröder 2002-2005, a.a.O., S.98-123, S.101f.

Nach der verlorenen Wahl gab Schröder schließlich seine Neuwahlentscheidung bekannt. Lange hatte er über diesen politischen Kunstgriff mit seiner Frau, dem Parteivorsitzenden und Steinmeier beraten, entschlossen hatte er sich aber erst am Abend der Wahl.[446] Noch immer hielt Steinmeier dieses Vorgehen für falsch, wusste er doch um die Unruhe in der Fraktion und riet daher davon ab. Offiziell war dies wohl die einzige Situation, in der der Kanzleramtschef seinem Kanzler widersprach.[447] Es blieb die letzte.

IV.2.3 „Nur" Kanzleramtschef – Thomas de Maizière

IV.2.3.1 Kanzleramtschef unter erschwerten Bedingungen

Noch am Wahlabend des 18. September 2005 schloss Guido Westerwelle, Bundesvorsitzender der FDP, eine Regierungsbildung mit der SPD aus, während sich auch bei den Grünen kein führender Politiker fand, der ernsthaft auf eine Koalition mit der CDU hingearbeitet hätte. Die Linkspartei.PDS schließlich war zum damaligen Zeitpunkt für die SPD weder inhaltlich noch personell koalitionsfähig. Die Große Koalition der beiden Volksparteien wurde damit unausweichlich.[448]

Die Voraussetzungen des Regierungsbündnisses waren denkbar schlecht. Große Koalitionen gelten als Notlösung, die Bündnispartner hegten kein Interesse an einer langwierigen Zusammenarbeit. Stattdessen prägte das Bewusstsein, diesen Ausnahmezustand überwinden zu müssen, die Koalition. Union und SPD regierten zusammen, weil sie es mussten, das Wahlergebnis zwang sie dazu und sorgte für ein Bündnis, in dem sich zwei Partner von annähernd gleichem Gewicht gegenüberstanden. Wesentliche Beschlüsse konnten daher niemals unilateral, sondern nur nach Aushandlung getroffen werden.

---

446 Vgl. Gerwien, Tilman et al.: Deutschland vor der Entscheidung. Er oder Sie, in: Stern, 25.05.2005, S.24.

447 Vgl. Grefe, Christian et al.: Wir oder die anderen, in: Die Zeit, 15.09.2005, S.17.

448 Vgl. Lohse, Eckart/Wehner, Markus: Rosenkrieg. Die große Koalition 2005-2009, Köln 2009, S.27ff.

Die CDU/CSU hatte mit dem Wahlergebnis lediglich einen Pyrrhus-Sieg errungen. Zwar würde sie mit Angela Merkel die Kanzlerkandidatin stellen, doch war das Ergebnis nach den wochenlangen Höchstwerten in den Umfragen eine schwere Niederlage für die Union und schwächte die designierte Kanzlerin. Bereits zwei Tage nach der Wahl ließ sie sich als Fraktionsvorsitzende bestätigen und sorgte für den notwendigen parteipolitischen Rückhalt für die anstehenden Koalitionsverhandlungen. Niemand in der Union sollte das Wahlergebnis hinterfragen oder ihr gar die Kanzlerschaft streitig machen.[449] Die umgehende Absicherung ihrer Macht war auch geboten, denn die Union stellte bereits zu jener Zeit 11 der 16 amtierenden Ministerpräsidenten, denen auch die Landeschefs der größten Bundesländer angehörten. Sie verfügten in ihren Ländern über eigene Legitimationsbasen und entzogen sich daher weitgehend den Weisungen ihrer Parteivorsitzenden. Einzelne von ihnen, wie Roland Koch in Hessen oder Christian Wulff in Niedersachsen, waren selbst an der Übernahme der Kanzlerschaft interessiert.[450] Fehler konnte sich die Kanzlerin daher nicht erlauben.

Die Union stellte nun, nach sieben Jahren in der Opposition, wieder den Kanzler. Dennoch, mit der Übernahme der Kanzlerschaft schien die Partei noch nicht richtig in der Regierung angekommen zu sein. Denn wo sich die Kanzlerin innerparteilicher Auseinandersetzungen erwehren musste und die christdemokratischen Bundesminister nach Orientierung suchten, war die Abwahl Gerhard Schröders für die Sozialdemokraten noch immer eine Befreiung, die sie aufblühen ließ. Sieben Jahre Regierungserfahrung sorgten bei der SPD für ein selbstsicheres Auftreten, sie zog Themen an sich, und dominierte so den Koalitionspartner.[451] In Folge dessen stagnierten die Umfragewerte der Union, trotz guter Wirtschaftsdaten und sinkender Arbeitslosigkeit, in Höhe ihres Wahlergebnisses von 35,4%.[452]

---

449 Vgl. ebd., S.30f.

450 Vgl. Kirch, Daniel: Verschwiegene Zirkel. Informelles Regieren in der Großen Koalition am Beispiel der Gesundheitsreform, Marburg 2008, S.45.

451 Vgl. Knaup, Horand et al.: Jetzt kommt Kurt, in: Der Spiegel, 28.08.2006.

452 Vgl. Müller, Peter/Schmergal, Cornelia/Rübel, Jan: Union will SPD gezielt provozieren, in:

Wie seine Partei bedurfte auch de Maizière der Einarbeitungszeit, musste seine Rolle in der Regierung erst finden. Frühzeitig wurde der Vergleich mit Steinmeier gezogen, der als des Kanzlers Adlatus, als Koordinator und Schlichter der vorangegangenen Koalition auftrat. Doch im Grunde hatte auch Steinmeier eine mehr als einjährige Einarbeitungszeit, wenngleich nicht er, sondern Bodo Hombach Kanzleramtschef war. Steinmeier konnte aber aus dessen Fehlern lernen und sich positiv von ihm abgrenzen. Die Ausgangsbedingungen für de Maizière waren ungleich schwieriger. Anders als Bohl und Steinmeier nahm er seine Arbeit mit Beginn der Koalition auf, ohne zuvor von den Fehlern eines Amtsvorgängers, wie Schreckenberger oder Hombach, lernen zu können. Merkel und de Maizière waren zudem nicht aufeinander abgestimmt. Ihre Zusammenarbeit bedurfte stattdessen einer erneuten „Eingewöhnungsphase".[453] Zwar hatte auch die Kanzlerin die umfassende Regierungserfahrung ihres Kanzleramtschefs anerkannt, im Politikgeflecht von Parteien, Parlament und Regierung blieb er jedoch ein Neuling.[454] Welche Rolle spielte de Maizière also in diesem Politikgeflecht, zunächst insbesondere gegenüber der Partei und Fraktion?

IV.2.3.2 Koordinator von Amtswegen

Obwohl bereits seit dem Jahr 2000 Parteivorsitzende, fehlte es Merkel doch lange Zeit an Seilschaften und Hausmacht. Den langwierigen Weg über die JU konnte sie nicht gehen und ihr mecklenburg-vorpommersche Landesverband verfügte nicht über das nötige Maß an Einfluss und Geschlossenheit.[455] Bis zur Übernahme der Kanzlerschaft hatte sie zahlreiche Anwärter und Konkurrenten

---

Welt am Sonntag, 03.09.2006, S.7.

453 Vgl. Interview mit Stéphane Beemelmans

454 Vgl. Murswieck, Axel: Von Schröder zu Merkel – eine Frage des (Regierungs-)Stils? Zu den Machtressourcen der Bundeskanzlerin in einer Großen Koalition, in: Tenscher, Jens/Batt, Helge (Hrsg.): 100 Tage Schonfrist. Bundespolitik und Landtagswahlen im Schatten der Großen Koalition, Wiesbaden 2008, S.199-214, S.207.

455 Vgl. Vates, Daniela: Merkels Zirkel, in: Berliner Zeitung, 30.05.2005, S.3.

verdrängt[456] und einige Hoffnungen auf Ämter enttäuscht. Daher wäre sie durchaus auf ein innerparteiliches Frühwarnsystem angewiesen gewesen. De Maizière jedoch konnte diese Funktion nicht erfüllen. Zwar saß er als loyaler Unterstützer der Kanzlerin im Parteipräsidium, doch wurde das höchste innerparteiliche Gremium durch die Parteivorsitzende selbst dominiert. Nur wenige Aufgaben delegierte sie an ihre Stellvertreter, besprach vertrauliche Themen eher in informellen Runden oder im persönlichen Gespräch und verhinderte Abstimmungen weitgehend. Das Präsidium schien entmachtet, denn „Merkel kriegt in den meisten Fällen nicht richtig Kontra. [...] Die Präsidiumssitzung ist mehr eine Anhörung, eine allgemeine, folgenlose Erörterung."[457] Parteipolitisch konnte de Maizière der Kanzlerin demnach nicht mehr als seine Loyalität bieten. Ihm fehlte es an Netzwerk und Hausmacht, noch nie verfügte er über eine herausgehobene Funktion in der Partei[458] und selbst in der sächsischen CDU war ihm ein starker Rückhalt nicht sicher. Doch der Kanzleramtschef war ohnehin kein „echter" Parteipolitiker. Er verlangte nicht nach Aufmerksamkeit, drängte nicht an die Macht und war zudem kein Freund „kumpelhafte[r] Bierrunden", von denen er selbst wusste, dass sie als „Schmieröl der Politik" und auch innerhalb der Partei unverzichtbar sind.[459]

Stattdessen hatte sich Merkel selbst ein weitreichendes Informationsnetz in der CDU geschaffen. Es umfasste alle wichtigen Gruppen, von der Frauenunion über die Wirtschafts- bis hin zu den Sozialflügeln, und reichte gar bis in die Bezirksvorstände hinein.[460] Ein Netzwerk aus loyalen Unionspolitikern, wie Staatssekretär Peter Hintze, Pressesprecher Ulrich Wilhelm oder Generalsekretär Ronald Pofalla, komplettierte ihr Frühwarnsystem. De Maizière blieb jedoch durch seine schwache Verankerung in der Partei, nicht zuletzt begrün-

---

456 Vgl. Graw, Ansgar: Merkels Mikrokosmos, in: Die Welt, 06.12.2004, S.3.

457 Vgl. Langguth, Gerd: Kohl, Schröder, Merkel. Machtmenschen, a.a.O., S.422.

458 Vgl. Birnbaum, Robert/Bruns, Tissy/Haselberger, Stephan: „Wir machen es wie Mogli im Dschungel", in: Der Tagesspiegel Sonntag, 12.11.2006, S.7.

459 Vgl. Schneider, Jens: Mechaniker im Machtgetriebe, in: Süddeutsche Zeitung, 07.11.2006, S.3.

460 Vgl. Neukirch, Ralf: Die Merkel-Loge, in: Der Spiegel, 12.06.2006.

det durch seinen Aufstieg in exekutiven Positionen, im innerparteilichen Netzwerk Merkels außen vor. Seine Rolle in der CDU beschränkte sich auf die Parteimitgliedschaft.

Auch in der Fraktion fehlte es ihm an Erfahrung. Wie sein Vorgänger Steinmeier war de Maizière nie Mitglied des Bundestages, hatte keine Erfahrung mit den Parlamentariern in der Berliner Republik. Gleichwohl ergab sich durch das Amt des Kanzleramtschefs, gewissermaßen von Amtswegen, ein intensiverer Kontakt zur Fraktion, der sich jedoch im Wesentlichen auf Koordinationstätigkeiten beschränkte. De Maizière nahm an den Fraktionssitzungen teil, stimmte sich mit den Parlamentarischen Geschäftsführern von CDU, Röttgen, CSU, Koschyk, und SPD, Oppermann, ab und überwachte die Abstimmung der Ministerien mit der Fraktion bei Gesetzesvorhaben. Als Informationszubringer und Seismograph konnte er seiner Kanzlerin daher kaum dienen. Das musste er jedoch auch nicht, denn die Kanzlerin absolvierte eine langjährige Fraktionskarriere, durch die sie über ihre eigenen „Relaisstationen" verfügte.[461] Sie nahm selbst an den Sitzungen der CDU/CSU-Fraktion teil, wohl wissend um die Gefahr, die von ihr ausgehen konnte. Sie wusste, dass die Abgeordneten rechtzeitig informiert und betreut werden wollten,[462] verfügte daher auch über loyale Kontakte in der Fraktion, zu denen unter anderem Hildegard Müller, Staatsministerin im Bundeskanzleramt und langjährige Vertraute der Bundeskanzlerin gehörte. Sie wohnte, im Gegensatz zu de Maizière, den Sitzungen des geschäftsführenden Fraktionsvorstandes bei und berichtete ausschließlich der Kanzlerin. Ihre Rolle in diesem Gremium beschränkte sich jedoch vornehmlich auf die einer Protokollführerin. Weit bedeutender war daher Merkels Verhältnis zu Volker Kauder, langjähriger Parlamentarischer Geschäftsführer, amtierender Fraktionsvorsitzender und Mitglied des einflussreichen konservativen „Xantener-Kreises". Er verfügte über die notwendige Parlamentserfahrung und stand loyal hinter Merkel, der er sein Amt verdankte.[463] Zwar standen er und auch Fraktionsgeschäftsführer Röttgen in engem

---

461 Vgl. Interview mit Stéphane Beemelmans

462 Vgl. Langguth, Gerd: Kohl, Schröder, Merkel. Machtmenschen, a.a.O., S.415.

463 Vgl. Neukirch, Ralf: Die Merkel-Loge, a.a.O.

Kontakt zum Kanzleramtschef, jedoch hätten beide im Zweifel wohl eher die Bundeskanzlerin selbst, per SMS oder Anruf, und eben nicht den Kanzleramtschef informiert.

In seiner Funktion als Kanzleramtschef war de Maizière Schnittstelle zwischen Regierung und Fraktion und damit Ansprechpartner für die Abgeordneten, die zahlreiche Anfragen an ihn richteten,[464] jedoch konnte er nicht die Rolle eines politischen Seismographen übernehmen, wie sie Bohl inne hatte. Ihm fehlte es an Erfahrung mit der Bundestagsfraktion, hatte, anders als Steinmeier, nicht die Möglichkeit, vor seiner Amtszeit vertraute Verhältnisse zu einzelnen Abgeordneten aufzubauen, ihre Arbeitsweise kennen zu lernen. Schon aus diesem Grund fanden sich bei ihm wohl nicht die sensiblen Informationen aus der Fraktion ein. Merkels Misstrauen, ihre eigene Erfahrung mit und ihr Engagement in der Fraktion sowie ihr Zugriff auf loyale und langjährige Vertraute in der Fraktion legen diesen Schluss nahe.

IV.2.3.3 Kein Mitglied der kleinen Runden?

Merkels persönlicher Stil prägte auch ihre Personalentscheidungen und engsten Zirkel. Sie war misstrauisch, achtete bereits bei der Berufung ihrer Minister darauf, dass keiner der Ressortchefs über eine eigene Machtposition in der Partei verfügte. Unbedingt wollte sie verhindern, dass ein innerparteilicher Rivale von den Privilegien eines Ministeramtes profitieren konnte.[465] Für die Mitglieder ihrer engsten Zirkel galt dies in ähnlicher Form. Ihnen fehlte es an einer innerparteilichen Machtbasis, an Profil und Unabhängigkeit von der Kanzlerin.[466] Unabhängige und kreative Köpfe aus ihrer Umgebung, all jene, die es vermocht hätten, ihr und der Partei wieder zu mehr Profil zu verhelfen, hatte sie bereits frühzeitig verdrängt. Stattdessen versuchte Merkel, die Fäden

464 Vgl. Interview mit Stéphane Beemelmans

465 Vgl. Lohse, Eckart/Wehner, Markus: Rosenkrieg. Die große Koalition 2005-2009, a.a.O., S.103.

466 Vgl. Strauß, Hagen: Das Netzwerk der Angela Merkel, Lausitzer Rundschau, 13.10.2005, S.3.

selbst in der Hand zu behalten, kümmerte sich um vieles selbst,[467] delegierte Aufgaben an von ihr abhängige Vertraute, die mangels eigener politischer Machtbasis die Entscheidungen der Kanzlerin lediglich exekutierten. Zu jenen Vertrauten gehörte neben Kauder, Röttgen oder Pofalla auch Thomas de Maizière.[468] Ihnen allen fehlte die „gesellschaftliche Anbindung", sie gehörten keinem „konturenscharfen Parteiflügel" mehr an, standen aber mit ihrer pragmatischen und ideologischen Haltung weder für eine alte CDU noch verkörperten sie etwas „benennbar Neues". Merkel wählte sie aus, weil sie loyal waren, sich unterordnen konnten.[469] Sie waren der Kanzlerin zudem sehr ähnlich, teilten mit ihr das fehlende Profil, waren intelligent, bescheiden in ihrem Auftreten und vor allem diskret.[470] Doch war der Kreis zu homogen. De Maizière teilte mit der Kanzlerin eine ähnliche Vita, beide umgingen Ochsentour und parteipolitische Sozialisation. Büroleiterin Baumann wiederum war ihrer Chefin in Auftreten und Habitus derart ähnlich, dass sie Merkels Schwächen verstärkte. Sie hielt zwar Kritik von der Bundeskanzlerin fern, aber eben auch Anregungen, Ideen und Alternativen.[471]

Die Bundeskanzlerin war darauf bedacht, die Konturlosigkeit ihres Personals zu erhalten, ihnen keine Möglichkeit zu geben, sich eine eigene Autorität oder ein eigenes Profil zu verschaffen.[472] So ließ Merkel ihren Fraktionsvorsitzenden Kauder durch den stellvertretenden Regierungssprecher und Sozialdemokraten Thomas Steg Einhalt gebieten, als er versuchte, sich durch die Veröffentlichung eines eigenen Konzepts zur Gesundheitsreform mehr politisches

---

467 Vgl. Inacker, Michael: Fäden in der Hand, in: Wirtschaftswoche, 06.11.2006, S.27.

468 Vgl. Spreng, Michael: Das System Merkel und der späte Kohl, in: Hamburger Abendblatt, 10.07.2006, S.2.

469 Vgl. Micus, Matthias/Walter, Franz: Entkopplung und Schwund: Parteien seit der Bundestagswahl 2005, in: Tenscher, Jens/Batt, Helge (Hrsg.): 100 Tage Schonfrist. Bundespolitik und Landtagswahlen im Schatten der Großen Koalition, a.a.O., S.247-282, S.255.

470 Vgl. Riecker, Joachim: Merkels Manager, in: Märkische Allgemeine, 04.01.2007, S.4.

471 Vgl. Neukirsch, Ralf: Merkels Milieu, in: Der Spiegel, 07.01.2008, S.40.

472 Vgl. Braun, Stefan/Schütz, Hans Peter: Casino loyale, in: Stern, 23.11.2006.

Gewicht zu verschaffen.[473] Auch Generalsekretär Pofalla, der sich für jede Kritik am Koalitionspartner mit der Bundeskanzlerin abstimmen musste, erging es sehr ähnlich.[474] Merkel stellt jedoch keinen Einzelfall dar, denn auch Schröder und Kohl verließen sich im Wesentlichen auf von ihnen abhängige Vertraute.

Mit Merkel wurde jedoch auch das System der Führungszirkel wieder komplexer. Während die Entscheidungsvorbereitung bei Kohl zahlreiche Runden und Personen tangierte, traf Schröder wesentliche Entscheidungen vor allem in seinem Steuerungsgremium, bestehend aus ihm selbst, Steinmeier, Struck und Müntefering. Die Bundeskanzlerin führte zunächst wieder eine Morgenlage ein, wie sie unter Helmut Kohl, nicht aber unter Schröder, üblich war. Teilnehmer waren neben Beate Baumann, Eva Christiansen, der Medienberaterin der Kanzlerin, sowie Thomas de Maizière und Ulrich Wilhelm weitere Führungspersonen aus Partei, Fraktion und Bundeskanzleramt. Wie schon zu Zeiten Kohls handelte es sich hierbei zunächst um eine Presselage, aber auch politische Fragen wurden diskutiert und Arbeitsaufträge verteilt.[475] Dies galt auch für die Vorbereitungstreffen, die jeden Mittwoch vor der Kabinettssitzung mit den Bundesministern sowie mit Kauder, Pofalla, Ramsauer und Wilhelm stattfanden. Dort wurden ebenso parteipolitische und strategische Fragen behandelt, weniger jedoch die sich anschließende Kabinettssitzung vorbereitet.[476] Die Abendrunden im Bundeskanzleramt, die jedoch weitgehend unregelmäßig, zumeist sonntags, stattfanden, runden dieses Bild ab. Relativ spontan wurden Parteigrößen oder Abteilungsleiter telefonisch oder per SMS eingeladen. Auch der Kanzleramtschef war häufig an ihnen beteiligt.[477]

Doch nicht nur in Abendrunden, auch im Allgemeinen holte sich Merkel Rat bei zahlreichen Personen ihrer Umgebung. Dies geschah hierarchieunab-

---

473 Vgl. Braun, Stefan: Black Box Merkel, in: Stern, 14.06.2006.

474 Vgl. Neukirch, Ralf: Die Merkel-Loge, a.a.O.

475 Vgl. Langguth, Gerd: Kohl, Schröder, Merkel. Machtmenschen, a.a.O., S.414.

476 Vgl. Lohse, Eckart/Wehner, Markus: Rosenkrieg. Die große Koalition 2005-2009, a.a.O., S.54.

477 Vgl. Interview mit Stéphane Beemelmans

hängig und schloss daher neben den Abteilungsleitern im Bundeskanzleramt auch die Mitarbeiter im 7. Stock der Regierungsbehörde ein.[478] Das System war komplex, aber die Kanzlerin zog die Fäden in diesem „undurchsichtigen und wenig berechenbaren Machtgestrüpp der Entscheidungsarenen".[479] Damit offenbarte sich ein grundlegendes Problem, denn „die Union hat bis heute kein operatives Zentrum, in dem Kanzleramt, Fraktion und Partei effektiv zusammenwirken." Merkel informierte und koordinierte per Zuruf oder via Telefon und SMS.[480] Abgeordnete und Ministerpräsidenten sprachen angesichts der Intransparenz des Entscheidungssystems der Bundeskanzlerin bereits von einer „Black Box", in der Merkel agierte.[481] Tatsächlich vermochten nur Büroleiterin Baumann und Merkel selbst das große Ganze hinter diesem Machtgestrüpp zu erkennen,[482] ein Nachteil für de Maizière, den er wohl nicht ausgleichen konnte.[483]

Ob der Kanzleramtschef tatsächlich zum Machtzirkel der Kanzlerin gehörte ist folglich unklar. Die Meinungen darüber gingen jedenfalls auseinander. Während in einigen Presseberichten zu vernehmen war, dass er wohl nicht zum engeren Führungskreis um Angela Merkel, Beate Baumann und wohl auch Eva Christiansen gehörte,[484] war von anderen Journalisten und aus dem Umkreis des Kanzleramtschefs zu erfahren, dass er neben Baumann der wichtigste Vertraute der Kanzlerin gewesen sei.[485] In Gänze lässt sich dieser offenkundige Widerspruch wohl nicht auflösen, doch bleibt festzuhalten, dass de Maizière unter Merkel in der Tat nur wenig Spielraum hatte. Anders als Kohl

---

478 Vgl. ebd.

479 Vgl. Murswieck, Axel: Von Schröder zu Merkel – eine Frage des (Regierungs-)Stils? Zu den Machtressourcen der Bundeskanzlerin in einer Großen Koalition, a.a.O., S.210.

480 Vgl. o.V.: Geschlossene Gesellschaft, in: Capital, 01.03.2007, S.30.

481 Vgl. Braun, Stefan: Black Box Merkel, a.a.O.

482 Vgl. o.V.: Geschlossene Gesellschaft, a.a.O.

483 Vgl. Braun, Stefan/Schütz, Hans Peter: Casino loyale, a.a.O.

484 Vgl. Lohse, Eckart: Der Mann aus dem Waschsalon, in: Frankfurter Allgemeine Sonntagszeitung, 07.10.2007, S.4; Schneider, Jens: Mechaniker im Machtgetriebe, a.a.O.

485 Vgl. Interview mit Stéphane Beemelmans; Neukirch, Ralf: Merkels Milieu, a.a.O.

und Schröder kümmerte sie sich selbst um zahlreiche Details der Regierungsarbeit, traf häufig genaue Abstimmungen.[486] Kommissionen und Konsensrunden, wie sie unter ihrem Vorgänger stattfanden, wurden durch persönliche Gespräche weitgehend zurückgedrängt[487] und auch der Stab für Politische Planung, wie er im Verantwortungsbereich Steinmeiers lag, befand sich mittlerweile sowohl in den Händen des Kanzleramtschefs als auch in denen der Kanzlerin.[488] Über die tatsächliche Autorität von de Maizière kann demnach nur spekuliert werden. Zweifel über sein politisches Gewicht sind jedoch nicht unangebracht. Denn wer im Kanzleramt tätig ist, „verfügt über abgeleitete Macht, die sich aus der Nähe zur Kanzlerin ergibt." An diesem Näheverhältnis fehlte es jedoch zu Beginn. Sein Platz in der Koalition war zudem lange Zeit nicht gefestigt, bei den wichtigen Runden fehlte er. De Maizière hatte kein „leichtes Spiel" in der Großen Koalition. Die SPD war der CDU gleichgestellt, warf dem Kanzleramtschef häufig vor, parteiisch zu agieren. Noch immer hatten die Sozialdemokraten einen verklärten Mythos ihres Vorzeige-Kanzleramtschefs Steinmeier im Kopf, kritisierten daher zuweilen öffentlichkeitswirksam die Leistung des neuen Leiters der Regierungszentrale.

IV.2.3.4 Allmählicher Aufstieg in der Koalition

Obwohl die Bedeutung des Kabinetts gegenüber der Regierung Schröder wieder zugenommen hatte, blieben auch in der Regierung Merkel die informellen Entscheidungsstrukturen auch die bedeutenden. Persönliche Beziehungen spielten noch immer eine herausgehobene Rolle. Das enge Verhältnis zwischen den Fraktionsvorsitzenden Struck und Kauder, die sich neben ihrem wöchentlichen Frühstück mehrmals die Woche trafen,[489] aber auch die wö-

---

486 Vgl. Lohse, Eckart: Der Mann aus dem Waschsalon, a.a.O.

487 Vgl. Murswieck, Axel: Von Schröder zu Merkel – eine Frage des (Regierungs-)Stils? Zu den Machtressourcen der Bundeskanzlerin in einer Großen Koalition, a.a.O., S.210.

488 Vgl. Organisationsplan der Bundesregierung, URL: http://www.bundesregierung.de/Webs/Breg/DE/Bundesregierung/Bundeskanzleramt/Organigramm/organigramm.html, Stand: 28.07.2009.

489 Vgl. Lohse, Eckart/Wehner, Markus: Rosenkrieg. Die große Koalition 2005-2009, a.a.O.,

chentliche Abstimmung de Maizières mit den Parlamentarischen Geschäftsführern der Regierungsparteien, Röttgen, Oppermann und Koschyk, sind ein Beleg hierfür.[490]

Merkel selbst hatte bereits mit der Wahl ihrer beiden Regierungssprecher Ulrich Wilhelm und Thomas Steg zwei Kenner ihrer beiden Koalitionspartner ausgewählt. Mehrmals täglich telefonierte sie mit dem Sozialdemokraten Steg, der in den Spitzengremien seiner Partei vertreten war und die Stimmungslage des Koalitionspartners einschätzen konnte.[491] Der CSU-Mann Wilhelm wiederum vermittelte der Kanzlerin ein Bild von der Schwesterpartei und gehörte zu deren engerem Kreis.[492] Darüber hinaus besprach sie sich mit Vize-Kanzler Müntefering, mit einzelnen Bundesministern, zu denen sie überwiegend sehr gute Beziehungen unterhielt,[493] sowie den Fraktionschefs. Mit Peter Struck ging sie gar in die „Kneipe", um über dessen Kritik an ihrem Führungsstil zu sprechen.[494]

Die maßgeblichen Runden der Großen Koalition bildeten jedoch ein Vier-Augengespräch zwischen der Kanzlerin und dem Vize-Kanzler, zunächst Müntefering, dann Steinmeier, sowie der unregelmäßig tagende Koalitionsausschuss.[495] Das nahezu gleiche Stimmgewicht zwischen den Koalitionspartnern bewog die SPD dazu, die Führung der Regierung nicht allein der Kanzlerin überlassen zu wollen. Aus diesem Grund wurde unter Müntefering im Bundesarbeitsministerium ein „Schatten-Bundeskanzleramt" unter der Leitung Kajo Wasserhövels, einem langjährigen Vertrauten des Vize-Kanzlers, geschaffen. Ausgehend von diesem erfolgte die Koordination der SPD-geführten Ministerien. Als Vize-Kanzler leitete Müntefering daher vor den Kabinettssitzungen

S.49.

490 Vgl. Interview mit Stéphane Beemelmans

491 Vgl. Wittke, Thomas: Thomas Stegs schwieriger Spagat, in: General-Anzeiger, 11.07.2008.

492 Vgl. Fietz, Martina: Merkels CSU-Scharnier, in: Cicero, 01.08.2008, S.50.

493 Vgl. Interview mit Stéphane Beemelmans

494 Vgl. Lohse, Eckart/Wehner, Markus: Rosenkrieg. Die große Koalition 2005-2009, a.a.O., S.55f.

495 Vgl. Interview mit Stéphane Beemelmans

eine Vorbereitungsrunde der sozialdemokratischen Bundesminister und stimmte sich wöchentlich mit Generalsekretär Heil und Fraktionschef Struck ab. Derart vorbereitet traf er sich jeden Mittwoch vor der Sitzung des Kabinetts mit Angela Merkel zu dem „Vier-Augengespräch“, in dem „auch schnell quer Feld ein gesprochen“ wurde[496] und neue Themen vorgebracht werden konnten.[497] De Maizière war an diesen Gesprächen nicht beteiligt, traf sich aber in der Anfangszeit der Koalition mit Wasserhövel, um sich mit ihm abzustimmen.[498] Nach dem Ausscheiden Münteferings nahm nicht nur Steinmeier dessen Platz im Gespräch mit Merkel ein, auch Wasserhövel wurde durch Staatssekretär Tiemann ersetzt, der von nun an das „Schatten-Bundeskanzleramt“ im Auswärtigen Amt leitete und das Gespräch mit dem Kanzleramtschef suchte.[499]

Nach dem „Vier-Augengespräch“ war der Koalitionsausschuss die zweite der „für die Führung der Koalition maßgeblichen Runden“.[500] Der Ausschuss war, anders als zu Zeiten der Regierung Schröder, nicht zur Krisenbewältigung sondern vielmehr zur gegenseitigen Abstimmung von „Angelegenheiten von grundsätzlicher Bedeutung“ und zur Konsensfindung in „Konfliktfällen“ geschaffen worden. Ihm gehörten laut Vertrag die Kanzlerin, der Vize-Kanzler, die Fraktionsvorsitzenden, im Falle der CDU/CSU auch der stellvertretende Fraktionsvorsitzende (als Repräsentant der CSU) sowie die drei Parteivorsitzenden, nicht aber der Kanzleramtschef, an.[501] In ihrer Größe aber auch in ihrem politischen Gewicht war sie der Koalitionsrunde unter Helmut Kohl

---

496 Vgl. ebd.

497 Vgl. Sturm, Roland: Wie regiert die Große Koalition?, in: Gesellschaft – Wirtschaft – Politik (GWP), Heft 1/2009, S.69-79, S.72.

498 Vgl. Bannas, Günter: Wenn es auf Gesichtswahrung ankommt, in: Frankfurter Allgemeine Zeitung, a.a.O.

499 Vgl. Interview mit Stéphane Beemelmans

500 Vgl. ebd.

501 Vgl. Gemeinsam für Deutschland. Mit Mut und Menschlichkeit. Koalitionsvertrag von CDU, CSU und SPD, 11.11.2005, S.164, URL: http://www.bundesregierung.de/Content/DE/__Anlagen/koalitionsvertrag,property=publicationFile.pdf, Stand: 28.07.2009, 18:02.

damit sehr ähnlich. Der Unterschied bestand lediglich in der formalen Fixierung des Ausschusses.

Doch trotz der Niederschrift im Koalitionsvertrag hielten sich die Koalitionspartner lange Zeit nicht an die vertraglich festgelegte Besetzung. Während dem ersten Treffen im Dezember 2005 auch die drei Generalsekretäre sowie die Parlamentarischen Geschäftsführer und de Maizière beiwohnten,[502] fanden sich die Koalitionäre bei der ersten Sitzung zur Abstimmung der Gesundheitsreform in ihrer vertraglich festgelegten Zusammensetzung ein.[503] Dadurch schien der Eindruck zu entstehen, dass die „Siebener-Runde", die der Koalitionsvertrag tatsächlich vorsah, das neue „Ober-Leitungsgremium" auf Kosten des „offiziellen Koalitionsausschuss[es]" war.[504] Dies war weder tatsächlich der Fall noch blieb es bei dieser Zusammensetzung. Im Rahmen der Verhandlungen über die Gesundheitsreform stieg die Zahl der Beteiligten erheblich an. In der schon berühmten Nachtsitzung im Juli 2006 umfasste der Ausschuss 20 Mitglieder, zu denen der Kanzleramtschef jedoch nach wie vor nicht gehörte.[505]

Die Verhandlungsnacht machte zudem deutlich, dass der Ausschuss in der damaligen Besetzung zu groß war, um die Handlungsfähigkeit und gebotene Vertraulichkeit gewährleisten zu können. Aus diesem Grund verständigten sich die Spitzen der Koalition zunächst auf eine „Vierer-Runde" bestehend aus der Kanzlerin und dem Vize-Kanzler, sowie dem bayerischen Ministerpräsidenten und CSU-Vorsitzenden Stoiber und SPD-Chef Beck.[506] Doch auch diese Variante erwies sich als wenig praktikabel, fürchteten die Fraktionen doch um ihren Einfluss. Ihre beständige Kritik führte schließlich dazu, dass das

502 Vgl. Slangen, Christoph: Große Koalition übt den friedlichen Streit, in: Nordwest Zeitung, 09.12.2005, S.4.

503 Vgl. Köttker, Verena: Geheim-OP der Sieben, in: Focus, 03.04.2006, S.32.

504 Vgl. Meng, Richard: Sieben ohne Ulla Schmidt, in: Frankfurter Rundschau, 25.03.2006, S.5.

505 Vgl. Graw, Ansgar/Dausend, Peter: Auf kleinstem Nenner, in: Die Welt, 04.07.2006, S.3.

506 Vgl. Schneider, Jens: Nie wieder sonntags, in: Süddeutsche Zeitung, 26.07.2006, S.5.

Führungsquartett von diesem Format abrückte und zur ursprünglichen „Siebener-Runde" zurückkehrte.[507]

De Maizière war jedoch zu keiner Zeit ständiges Mitglied im Ausschuss. Lediglich im Vorfeld der Sitzungen wurde er tätig.[508] Offenbar hielt die CDU die Anwesenheit des Kanzleramtschefs für unnötig, waren doch die politikinhaltlichen Regelungen zur Gesundheitsreform wesentlich von Merkel selbst verantwortet worden.[509] Die Teilnehmer der „Siebener-Runde" sahen sich jedoch bald erheblichen Koordinierungs- und Managementfehlern ausgesetzt,[510] nicht zuletzt auch da es der für die Gesundheitsreform zuständigen Staatsministerin Hildegard Müller an Autorität fehlte.[511] In Folge dessen übernahm der Kanzleramtschef die Koordination, wurde von nun auch zu den „Siebener-Runden" hinzugezogen. Dort war er der ehrliche Makler, gewissermaßen die „zuverlässige Quelle", die Auskunft darüber geben konnte, welche Vorschläge tatsächlich gemacht, welche Verabredungen letztendlich getroffen wurden. Nur aufgrund seiner neutralen Erfassung der ausgehandelten Ergebnisse wurde die anschließende Umsetzung der Beschlüsse überhaupt möglich.[512]

Aus der „Siebener-Runde" hatte sich demnach unter der Beteiligung von Peer Steinbrück und Thomas de Maizière eine „Neuner-Runde" entwickelt. Wie tonangebend der Ausschuss aber tatsächlich war, kann nur vermutet werden. Das politische Gewicht und die Größe der Runden sprechen für seine Bedeutung, doch tagte der Ausschuss, anders als bei Kohl, nur unregelmäßig,

---

507 Vgl. Doemens, Karl/Rinke, Andreas/Steinbeis, Max: Fraktionschefs dürfen wieder mitreden, in: Handelsblatt, 24.08.2006, S.4.

508 Vgl. o.V.: Union will Reichensteuer verschieben, in: Frankfurter Allgemeine Zeitung, 02.05.2006, S.3.

509 Vgl. Batt, Helge: Weder stark noch schwach – aber nicht groß: Die Große Koalition und ihre Reformpolitik, in: Tenscher, Jens/Batt, Helge (Hrsg.): 100 Tage Schonfrist. Bundespolitik und Landtagswahlen im Schatten der Großen Koalition, a.a.O., S.215-246, S.218.

510 Vgl. Manytz, Gregor: Heimliche Regierung, in: Rheinische Post, 05.11.2007.

511 Vgl. Riecker, Joachim: Kanzlerin im Zwei-Fronten-Kampf, in: Märkische Allgemeine, 10.10.2006, S.3.

512 Vgl. Interview mit Stéphane Beemelmans

schwankte je nach Thema in seiner jeweiligen Besetzung und diente nicht selten der medialen Inszenierung.[513]

IV.2.3.5 Der Kanzleramtschef gewinnt an Macht

Auch nach der gewonnenen Bundestagswahl befanden sich die Umfragewerte für die Kanzlerin und ihre Partei auf niedrigem Niveau. Erneut gab es Zweifler, die die Regierungsfähigkeit der Kanzlerin in Frage stellten. Erst die Fußball-Weltmeisterschaft 2006 verschaffte der Regierungschefin eine Atempause, da sich die mediale Aufmerksamkeit auf die Nationalmannschaft richtete.[514] Merkel und ihrer Partei gelang es, sich zu stabilisieren, während ihre Bündnispartner an Einfluss verloren.

Der Verzicht Edmund Stoibers auf ein Amt in Berlin und die Nachfolgekämpfe im Anschluss an seinen Rücktritt im September 2007 schwächten das bundespolitische Gewicht seiner Partei. Stoibers Nachfolger im Amt des CSU-Vorsitzenden fehlte es an politischem Gewicht gegenüber der CDU-Vorsitzenden Merkel, der durch das Führungsduo Huber/Beckstein kaum Gefahr drohte. Erst Horst Seehofer, amtierender Parteivorsitzender und Ministerpräsident, war bestrebt, seiner eigenen Partei erneut ein stärkeres Profil zu verleihen, wenn nötig auch auf Kosten der Schwesterpartei.[515]

Den Sozialdemokraten erging es ähnlich. Zwar fanden sie sich aufgrund ihrer siebenjährigen Regierungserfahrung schneller im Regierungsalltag zurecht, konnten daher auch selbstbewusster auftreten, doch hatte der Rücktritt Münteferings als Parteivorsitzender die sozialdemokratische Ministerriege geschwächt. Da er jedoch Bundesminister und Vize-Kanzler blieb, entwickelte sich eine stete Konkurrenzsituation zwischen dem neuen Parteivorsitzenden und dem Vize-Kanzler. Während sich Platzeck nicht gegen einen starken Müntefering behaupten konnte, versuchte dessen Nachfolger Beck sich eine eigene Autorität in Berlin zu verschaffen. Doch zwischen dem rheinland-pfälzischen

513 Vgl. ebd.

514 Vgl. Schumacher, Hajo: Die zwölf Gesetze der Macht. Angela Merkels Erfolgsgeheimnisse, München 2006, S.234.

515 Vgl. Langguth, Gerd: Kohl, Schröder, Merkel. Machtmenschen, a.a.O., S.423.

Ministerpräsidenten und der Regierungsmannschaft wollte sich kein wirkliches Vertrauensverhältnis entwickeln. Der letztendliche Rücktritt des Vize-Kanzlers im November 2007 erschütterten Koalition und Partei schließlich erneut. Beck war jedoch noch immer nicht in der Lage, seine Machtstellung in der SPD dauerhaft zu sichern. Er blieb trotz der Übernahme des Parteivorsitzes Ministerpräsident, wollte sich nicht in Merkels Kabinett einbinden lassen.[516] Der Pfälzer verließ sich auf die Gunst der Parteibasis, während sich die sozialdemokratischen Regierungsmitglieder keine Vorschriften von einem „Mann aus der Provinz" machen lassen wollten.[517] Im Sommer des Jahres 2008 traute niemand mehr Kurt Beck die Rettung der SPD zu. Die Umfragewerte waren schlecht, seine Glaubwürdigkeit beschädigt und ein klarer Kurs nach wie vor nicht vorhanden.[518] Der Ministerpräsident trat letztendlich zurück und löste so die Frage nach der Kanzlerkandidatur zugunsten des Außenministers Steinmeier auf. Doch konnte er die Partei nicht führen, zu wenig war er in der SPD verwurzelt und zu eng mit der Regierung Schröder verbunden. Einzig wegen seiner Popularität als Außenminister und mangels personeller Alternativen entschied sich die Partei für ihn. Für Steinmeier war es ein Glücksfall, dass Müntefering im September 2008 zurückkehrte und erneut das Amt des Parteivorsitzenden übernahm. Noch immer verkörperte er wie kaum ein anderer die Seele der Partei, nach wie vor hat sein Wort innerparteiliches Gewicht.[519] Wie kein anderer ist er in Partei, Fraktion und Regierung vernetzt.[520] Daher war seine Wahl nur folgerichtig.

Merkel konnte von diesem „politischen Klimawandel" profitieren. Während die Umfragewerte der CDU noch immer bei 35% lagen, blieben die Popu-

516 Vgl. ebd, S.424f.

517 Vgl. Feldenkirchen, Markus et al.: Koch und Kellner der Partei, in: Der Spiegel, 15.10.2007.

518 Vgl. Dausend, Peter: Der Mann ohne Gesicht, in: Die Zeit, 19.06.2008.

519 Vgl. Müller, Peter: Die neue Statik der Großen Koalition, in: Welt am Sonntag, 18.11.2007, S.4.

520 Vgl. Lohse, Eckart/Wehner, Markus: Rosenkrieg. Die große Koalition 2005-2009, a.a.O., S.153.

laritätswerte der Kanzlerin auf hohem Niveau.[521] Es waren solche Werte, die dazu beitrugen, dass wieder einmal die Frage nach dem Kanzlerwahlverein gestellt wurde. Doch ebenso wenig wie diese Zuschreibung für die CDU unter Kohl zutraf, galt sie nun für die Christdemokraten unter Merkel. Nichtsdestotrotz dominierte sie ihre Partei. Sie band die CDU ein, führte Gespräche mit Partei- und Parlamentsgruppierungen,[522] ließ das Parteipräsidium verstummen und wachte über die Fraktion. Eines jedoch blieb und verärgerte zuweilen die Parteiaktivisten und Parlamentarier: das verschwommene Profil der Partei, dass sich auch durch die mangelnde Kontur der Kanzlerin nicht so recht schärfen wollte.[523] Merkels Kurs wurde weitläufig mit Misstrauen betrachtet, der Mangel an konservativen Werten zunehmend kritisiert. Dennoch, die Partei musste feststellen, dass sie auf ihre Vorsitzende fixiert war, wenngleich sie dieser Umstand weiter schwächte.[524]

Für de Maizière blieb es schwierig seinen Einfluss in der Regierung auszubauen. Die Voraussetzungen dafür waren nicht ideal. Die Bündnispartner waren in ihrem politischen Gewicht gleichwertig, nahezu jedes politische Vorhaben bedurfte der Beteiligung von Unions- und SPD-Ministerien, während in Streitfällen eben nicht nur das Bundeskanzleramt sondern auch das Arbeitsministerium, später das Auswärtige Amt, eingeschaltet wurden. Und auch die Kanzlerin, die sich bei zahlreichen Themen und Vorhaben selbst bis ins Detail informierte, begrenzte den Handlungsspielraum des Kanzleramtschefs.[525] Tatsächlich trat de Maizière engagiert und enthusiastisch an, wollte viel bewegen, musste jedoch schnell feststellen, dass dies nicht ungehindert möglich war. Die SPD hielt ihn für parteiisch, Büroleiterin Baumann bremste schnell seinen Enthusiasmus und an einem echten politischen Profil fehlte es ihm bis zuletzt.

---

521 Vgl. Kessler, Martin: Die Partei will CDU pur, in: Rheinische Post, 03.06.2008.

522 Vgl. o.V.: CDU auf Wolke sieben, in: Focus, 03.12.2007.

523 Vgl. Kessler, Martin: Die Partei will CDU pur, a.a.O.

524 Vgl. Fleischhauer, Jan: Die Heimatlosen, in: Der Spiegel, 08.09.2008.

525 Vgl. Ehrlich, Peter: Grummeln über de Maizière, in: Financial Times Deutschland, 10.08.2007, S.11.

Stattdessen blieb er zunächst vornehmlich Koordinator, bereitete die Ergebnisse vor, hielt die Regierungszentrale funktionsfähig.

Mit der Zeit aber war sein Einfluss gewachsen.[526] Im Zuge der Gesundheitsreform rückte er in den Koalitionsausschuss auf, da auch Merkel sich erneute Koordinierungsfehler, zu denen es zuvor gekommen war, nicht leisten konnte.[527] Zunehmend gewährte ihm die Kanzlerin Freiraum, in den Spitzenrunden der Koalition war er von nun an dauerhaft anwesend,[528] er führte die Gespräche über das Schicksal der Steinkohle[529] und war Verhandlungsführer der Union in den Gesprächen zum Mindestlohn.[530] De Maizière gewann demnach, nach einer Phase der Eingewöhnung, durchaus an Einfluss und politischem Gewicht.

Letztlich mag der Einflussgewinn de Maizières auch mit dem Machtzuwachs der Bundeskanzlerin in Verbindung stehen. Zu Beginn des Jahres 2009 war Merkel so stark wie Kohl in seinen besten Jahren. Die Ministerpräsidenten, allen voran Koch und Wulff, hatten sich selbst geschwächt, das Parteipräsidium diente nur noch der Anhörung und die Partei selbst war diskussionsarm wie nie zuvor.[531]

Die Bilanz der Großen Koalition fällt ähnlich ambivalent aus. Die reformpolitischen Schritte des Regierungsbündnisses waren in Presse und Wissenschaft mal Erfolg, mal Misserfolg, doch dem Regierungsbündnis fehlte es schon zu Beginn an Leitvisionen und Zukunftskonzepten.[532] Die Finanzkrise

---

526 Vgl Braun, Stefan: Merkels Mann für die Maschine, in: Süddeutsche Zeitung, 03.05.2008, S.7.

527 Vgl. Riecker, Joachim: Merkels Manager, a.a.O.

528 Vgl. Schneider, Jens: Mechaniker im Machtgetriebe, a.a.O.; Interview mit Stéphane Beemelmans

529 Vgl. Mihm, Andreas: Schicksal der Steinkohle auf der Tagesordnung, in: Frankfurter Allge meine Zeitung, 21.01.2007, S.14.

530 Vgl. Kröter, Thomas/Sievers, Markus: Kein Ausweg bei Niedriglöhnen, in: Frankfurter Rundschau, 18.04.2007, S.1.

531 Vgl. Langguth, Gerd: Kohl, Schröder, Merkel. Machtmenschen, a.a.O., S.420.

532 Vgl. Micus, Matthias/Walter, Franz: Entkopplung und Schwund: Parteien seit der Bundestagswahl 2005, a.a.O., S.251.

sorgte für einen Umbruch, sie stellte die Koalition unerwartet vor neue Aufgaben und ließ den Wunsch nach einer Leitvision verschwinden. Für die Koalition wurde das Regieren damit einfacher,[533] wobei insbesondere die Kanzlerin und die Minister der Union von der Krisensituation profitierten.

533 Vgl. Sturm, Roland: Wie regiert die Große Koalition?, a.a.O., S.77.

V. Schlussbetrachtung

Als Ergebnis dieser Untersuchung zeigt sich zunächst vor allem eines: Kontinuität. Jeder der drei betrachteten Kanzleramtschefs erfüllte seine Arbeit, wurde dafür gelobt oder kritisiert, doch keiner von ihnen wurde entlassen oder musste wegen Verfehlungen zurücktreten. Oberflächlich betrachtet waren sie sich in ihrem Wirken sehr ähnlich, in ihrer Persönlichkeit nur wenig verschieden. Selbst Friedrich Bohl, der zuvor im Parlament durch sein aggressives Auftreten gegenüber der Opposition auffiel, als „Kläffer" und „Wadenbeißer" kritisiert wurde, fügte sich in seine Rolle ein. Als Kanzleramtschef fiel er nicht mehr auf, hielt sich in den Medien zurück, wurde dadurch aber auch blasser. Steinmeier und de Maizière waren dies schon zu Beginn ihrer Amtszeit. Sie behielten bei, was sie bereits zuvor auszeichnete, sie blieben loyal und im Hintergrund und öffentlichen Auftritten weitgehend fern.

Wo aber lagen tatsächlich die Unterschiede? Welche Rolle spielten sie im Machtgeflecht von Partei und Fraktion, Kanzler und Koalition? Zur Beantwortung dieser Fragen ist eine erneute Betrachtung der Ausgangsposition der drei Kanzleramtschefs von Nöten. Bohl und Steinmeier hatten den Vorteil, nicht zu Beginn der Regierungszeit in ihre Ämter zu gelangen. Nach Regierungswechseln bedürfen die Verantwortlichen zumeist einer Eingewöhnungszeit, müssen sich konsolidieren. Dies galt für die sozial-liberale ebenso wie für die rot-grüne und die Große Koalition. Doch unter Kohl war es Schreckenberger, unter Schröder war es Hombach, denen die Fehler, die in der Anfangszeit einer Regierung nahezu zwangsläufig entstehen, zugerechnet wurden. Als Bohl und Steinmeier in ihre Ämter gelangten, waren ihre Kanzler gefestigt, die Koalitionspartner geschwächt und die Regierung bereits einige Zeit im Amt. De Maizière hingegen nahm seine Arbeit mit der neuen Regierung auf, in der der Regierungspartner nach sieben Jahren Regierungserfahrung gestärkt in das Bündnis trat, während die eigene Partei und allen voran die Kanzlerin geschwächt waren. Für de Maizière stellten sich damit erheblich schwierigere

Umstände dar. Seine Rolle im Machtgeflecht zu finden war für ihn somit ungleich komplizierter.

Hinsichtlich der Partei hatte Bohl vermutlich den größten Vorteil. Er allein hatte eine Parteikarriere vorzuweisen. Er stieg in der Jungen Union auf, übernahm Parteiämter und sammelte Erfahrungen in Land- und Bundestag. Tatsächlich kam ihm dieser Aufstieg zu Gute. Er war mit der Parteiarbeit vertraut, berichtete Kohl aus seinem eigenen Kreisverband und hatte ein Gefühl für die Stimmungslage der Partei. Steinmeier und de Maizière dagegen waren abseits ihrer Parteien aufgestiegen, hatten Karriere in der Exekutive gemacht und verfügten daher nicht über parteiinterne Kontakte wie Bohl. Bemerkenswert aber ist, dass die relativ bedeutende Rolle Bohls in seiner Partei gegenüber der unbedeutenden parteipolitischen Stellung von Steinmeier und de Maizière keinen allzu großen Vorteil für die Ausübung des Amtes darstellte. Westrick, Ehmke, aber auch Hombach haben gezeigt, dass bei einer schwachen Verankerung in der Partei unter Umständen der Rückhalt in Krisensituationen fehlt. Aber keiner der drei hier untersuchten Kanzleramtschefs profilierte sich gegen die eigene Partei, keiner versuchte über Gebühr an Einfluss zu gewinnen. Stattdessen blieben sie im Schatten, waren stets kooperativ. Am deutlichsten wird dies am Beispiel der „Agenda 2010“. Das Papier stellte einen Bruch mit den sozialdemokratischen Traditionen dar und spaltete die Partei. Noch immer hat die SPD die Auswirkungen nicht überwunden. Dennoch trug Steinmeier, der eigentliche Begründer der Agenda-Politik, zunächst kaum Schaden davon. Wie Schröder missachtete auch er mit diesem Papier die Traditionsbestände seiner Partei, doch blieb er nahezu unversehrt.

Unter den drei Kanzleramtschefs war Bohl schließlich noch am ehesten Teil des politischen Frühwarnsystems des Kanzlers. Steinmeier und de Maizière konnten dies nicht leisten. Die Teilnahme an den Sitzungen des Parteipräsidiums, grundsätzlich dem wichtigsten Parteiorgan, konnte daran nichts ändern. Das war jedoch auch nicht nötig. Denn die Kanzler wussten um die Bedeutung ihrer Partei, verfügten daher, wie Kohl und Merkel, über ein eigenes umfassendes Netzwerk, oder hatten, wie Schröder, loyale Politiker in ihrem Umfeld, die über ein solches verfügten. Die Parteigremien missachteten oder dominierten sie, wirklichen Einfluss sollten diese nicht haben. Die Rolle, die Bohl, Steinmeier und de Maizière in der Partei spielten, war demnach relativ schwach. Die Arbeitsbelastung, die sich mit dem Amt ergibt, aber auch die Bundeskanzler selbst, hätten nichts anderes zugelassen.

Neben der Parteikarriere war es ebenfalls Bohl, der bereits Fraktionserfahrung sammeln konnte, bevor er in die Regierungszentrale wechselte. Unzweifelhaft hatte ihm sein Amt als Parlamentarischer Geschäftsführer geholfen, die Fraktion, ihre Arbeitsweise und zahlreiche Abgeordnete kennen zu lernen. Er war bei den Parlamentariern beliebt und mit ihnen vertraut. Als Kanzleramtschef baute er sein Netzwerk aus, nahm nach wie vor an den Sitzungen der wichtigen Fraktionsgremien teil. Bohl war in der Lage, die Stimmung in der Fraktion einzuschätzen, spielte für den Kanzler daher als Verbindung zum Parlament eine bedeutende Rolle. Steinmeier und de Maizière konnten dies nicht in gleicher Form leisten. Durch ihre vorangegangene Tätigkeit in den Bundesländern übten sie zwar Ämter aus, die denen des Bundeskanzleramtschefs nahe kamen, doch Erfahrung mit dem bundespolitischen Machtgeflecht hatten sie kaum. Steinmeier hatte jedoch den Vorteil, während seiner einjährigen Eingewöhnungszeit viel aus den Fehlern Bodo Hombachs lernen zu können, war er doch derjenige, der von den Parlamentariern angesprochen wurde, der von ihren Problemen erfuhr. Steinmeier war ausgeglichener und freundlicher als Hombach, daher beliebt unter den Sozialdemokraten und Grünen. Tatsächlich half ihm der Umstand, dass sein Vorgänger mit der Rolle des Kanzleramtschefs nicht zurechtkam und sich eher auf Sonderaufgaben konzentrierte. Steinmeier konnte so die schwierige Anfangszeit der Regierung umgehen, sich dennoch mit seiner späteren Arbeit vertraut machen und gleichzeitig erste Kontakte in der Fraktion aufbauen. Für de Maizière war dies ungleich schwieriger. Er übernahm mit dem Regierungswechsel auch das Bundeskanzleramt. Möglichkeiten, die Fraktion kennen zu lernen, Beziehungen zu einzelnen Abgeordneten aufzubauen, gab es daher nicht. Er musste sich allein darauf verlassen, dass er als Kanzleramtschef notwendigerweise der Verbindungsmann zum Parlament war, die Abgeordneten folglich ohnehin ihn ansprachen.

Dass Bohl für seinen Kanzler eine bedeutende Rolle in der Fraktion einnahm, steht daher außer Frage. Im Falle Steinmeiers war dies schon zweifelhaft, hatte er doch keine Erfahrung, während Struck und Müntefering sehr viel stärker in der Fraktion verankert waren. Am Beispiel de Maizière wird aber deutlich, dass keine Notwendigkeit besteht, die Fraktion und deren Mitglieder zuvor zu kennen. Denn die Arbeit in der Nähe des Regierungschefs bringt es mit sich, dass sich die Parlamentarier an ihn wenden. Es hängt vom Kanzler ab, wie viel Spielraum er seinem Kanzleramtschef in diesen Fällen überlässt. Kohl und Schröder verließen sich auf ihre einflussreiche Fraktionsführung, vernachlässigten aber sonst weitgehend die Fraktion. Ein Kanzleramtschef kann hier die Lücken durchaus füllen. Merkel hingegen setzte sich selbst mit der Fraktion auseinander, war in den wichtigsten Gremien vertreten, führte Gespräche mit parlamentarischen Gruppen. Für de Maizière blieb in diesen Fällen nur die Koordination, die dem Kanzleramtschef ohnehin zufällt.

Unterschiede ergaben sich auch im Hinblick auf die Beziehung der drei Kanzleramtschefs zu den Kanzlern. Bohl und Steinmeier pflegten bereits lange vor der Übernahme der Regierungszentrale intensive Kontakte zu Kohl und Schröder. Die Zusammenarbeit begann frühzeitig, intensivierte sich über die Jahre, bis sie im Bundeskanzleramt ihren Höhepunkt erreichte. Nicht so bei de Maizière und Merkel. Zwar kannten sie sich bereits lange vor ihrer gemeinsamen Zeit im Bundeskanzleramt, zu einer echten Zusammenarbeit „unter einem Dach“ kam es jedoch nicht. Die erneute Eingewöhnungsphase während der Großen Koalition führte daher zu Problemen, die sich vor allem in der mangelnden Einbeziehung de Maizières zeigten.

Eine solche Eingewöhnungsphase scheint folglich für die Beziehung zwischen Kanzler und Kanzleramtschef notwendig zu sein, wenngleich sie im Idealfall vor der gemeinsamen Arbeit in der Regierung erfolgt. Bohl und Steinmeier gehörten bereits vor ihrer Tätigkeit im Bundeskanzleramt zu den engsten Vertrauten von Kohl und Schröder und intensivierten ihre Beziehung zu den Kanzlern nach ihrer Amtsübernahme zunehmend. Ihre Aufgaben wurden zahlreicher, ihr Einfluss größer. Für de Maizière galt dies ebenso, doch wuchs sein Einfluss in weit geringerem Maße, nicht zuletzt auch, weil sich er und Merkel erst während der Regierungszeit aufeinander abstimmen konnten.

Die Intensität des Vertrauensverhältnisses hatte natürlich auch Auswirkungen auf die Autorität der Kanzleramtschefs. Sie ist tatsächlich stets vom Regierungschef abgeleitet, speist sich vor allem aus der Nähe zu ihm. Ein eigenes politisches Gewicht, beispielsweise gewonnen aus einer starken Stellung in der eigenen Partei, wird ein Kanzleramtschef hingegen selten haben. Zu groß wäre die Gefahr für den Kanzler, politisches Opfer des Beraters zu werden. Kohl, Schröder und Merkel setzten daher auf Vertraute mit geringem politischem Gewicht, machten jedoch auch deutlich, wer zu ihrem Kreis gehörte. Folglich zog niemand die Autorität von Bohl und Steinmeier in Zweifel. Ihr vertrautes Verhältnis zu ihren Kanzlern, ihre Unersetzlichkeit für die Regierungschefs und ihre umfassende eigene Kompetenz verliehen ihrem Wort Gewicht. De Maizière hingegen mangelte es anfänglich, trotz seiner Erfahrung und Kompetenz, an der Nähe zur Kanzlerin, die ihm nicht selten abgesprochen wurde. Er war für Merkel keineswegs unersetzbar.

Damit zeigt sich deutlich: es spielt nur mittelbar eine Rolle, ob der Kanzleramtschef Bundesminister oder Staatssekretär ist. Stattdessen legt der Kanzler den Spielraum für den Leiter der Regierungszentrale fest, daher hat nicht zuletzt auch der Stil des Regierungschefs Einfluss auf dessen Autorität. Kohl und Schröder waren keine Männer für Details, für Akten und lange Sitzungen. Sie delegierten viel, nutzten das persönliche Gespräch. Gegen Ende ihrer Amtszeit verloren beide die Lust am Regieren. Sie schotteten sich ab, überließen einen Großteil ihrer Arbeit nun ihren Vertrauten, allen voran den Leitern der Regierungszentrale. Steinmeier hatte zudem den Vorteil, von Schröder mit der Leitung der für seine Amtszeit bedeutenden Kommissionen und Konsensrunden sowie der Ausarbeitung der „Agenda 2010“ betraut worden zu sein. Ohne Frage hatte er unter den drei Kanzleramtschefs den meisten Einfluss auf seinen Kanzler. Merkel hingegen pflegte einen anderen Stil, war zudem nach nur vier Jahren Amtszeit keineswegs ihrer Kanzlerschaft müde. Die Kanzlerin kümmerte sich um zahlreiche Details, las die Akten, vermittelte oft selbst und schaltete sich ein. Für de Maizière blieb da nur wenig Raum. Er konnte die Kanzlerin weit weniger ergänzen wie seine beiden Vorgänger. Dafür waren sie sich zu ähnlich. Dennoch, alle drei waren an den wichtigsten Runden der Kanzler beteiligt. Bei Kohl und Merkel waren dies vor allem Morgenlage und Abendrunden, wohingegen Schröder mit seiner „Steuerungsgruppe“ regierte. Eine bedeutende Rolle für den Kanzler bzw. die Kanzlerin spielten sie allemal, wenngleich sie sich in ihrem Gewicht unterschieden.

Dies galt auch hinsichtlich ihrer Rolle in der Koalition, dem Hauptarbeitsfeld der Kanzleramtschefs. Auch hier hatte de Maizière unter den schwierigsten Bedingungen zu arbeiten. Mit der Amtsübernahme Bohls war die sozialliberale Koalition bereits neun Jahre im Amt, die CDU gestärkt und die Koalitionsparteien politik-programmatisch weitgehend auf einer Linie. Der Kanzleramtschef war an der engeren Koalitionsrunde beteiligt, wenngleich er nur die Rolle des „Executors" inne hatte. Nichtsdestotrotz verfügte Bohl über zahlreiche persönliche Kontakte zu den Koalitionsparteien, die für die Ausführung, Koordination und Streitschlichtung unerlässlich waren und ihn zu einem stabilisierenden und bedeutenden Faktor in der Koalition machten. Während Schröders Regierungszeit wiederum dominierte die SPD zu jeder Zeit ihren Koalitionspartner. Inhaltliche Differenzen wurden bei Seite geschoben, ein Entscheidungszentrum nicht etabliert. Steinmeier profitierte davon, dass Schröder die Entscheidungen weitgehend allein oder in Zusammenarbeit mit einzelnen Grünen, allen voran Joschka Fischer, traf. Auch der Kanzleramtschef verfügte über persönliche Beziehungen zum Koalitionspartner, konnte und musste sie auch nutzen, da der Kanzler vor allem ihm die Koordination überließ. De Maizière hingegen koordinierte in einer Großen Koalition, die bereits zu Beginn als Notlösung galt und zahlreiche inhaltliche Differenzen hervorbrachte. Die Kanzlerin verließ sich jedoch noch nicht zu Beginn auf ihren Kanzleramtschef, erst allmählich erhielt er Zugang zu der entscheidenden „Siebener-Runde", der er auch nur als „Note-Taker" und „Executor" beiwohnte. Umfassende Gestaltungsmacht hatte er in der Koalition hingegen nicht.

Damit wird auch klar: eine Große Koalition setzt für einen Kanzleramtschef wohl die schwierigsten Rahmenbedingungen. Aufgrund des nahezu gleichen politischen Gewichts der Bündnispartner, deren politikprogrammatischen Differenzen und ihrem Willen, sich stets gegeneinander profilieren zu wollen, schafft eine solche Koalition für einen Kanzleramtschef weit kompliziertere Arbeitsbedingungen als in einer anderen Konstellation.

Alles in allem war Frank-Walter Steinmeier wohl der einflussreichste unter den hier untersuchten Kanzleramtschefs. Dies ergab sich weniger aus seiner Rolle gegenüber Partei und Fraktion, sondern eher aus seiner Bedeutung für den Kanzler und die Koalition. Denn für Schröder war er unentbehrlich, hatte starken Einfluss auf dessen Politik. Für die Koalition aber war er der unersetzbare Koordinator, der zwischen den Bündnispartnern vermittelte. Bohl wiederum zeichnete sich durch seine parteipolitische „Erdung“ und seine umfassenden Kontakte zu Fraktion und Koalitionspartner aus. Für Kanzler Kohl war dies entscheidend, dennoch lies er seinem Kanzleramtschef darüber hinaus nur wenig Gestaltungsspielraum. Politische Planung, wie sie Steinmeier vollzog, war unter dem „Kanzler der Einheit“ unmöglich. De Maizière aber war tatsächlich „nur“ Kanzleramtschef. Eine Rolle in der Partei spielte er gar nicht, in der Fraktion nur von Amts wegen. Nach einer Phase der Eingewöhnung stieg sein Einfluss bei der Kanzlerin und in der Großen Koalition, ein außergewöhnlicher Kanzleramtschef konnte er jedoch nicht werden. Die Kanzlerin und die Große Koalition machten dies unmöglich.

Die Leiter der Regierungszentrale bleiben demnach, jedenfalls lässt sich dies von den drei hier untersuchten Leitern der Regierungszentrale ableiten, vor allem in der Exekutive tätig. Eine bedeutende Rolle in der Partei, wie sie Wolfgang Schäuble oder in Ansätzen auch Friedrich Bohl inne hatten, wird eher selten der Fall sein. Die Beziehung zur Fraktion ist unerlässlich, bildet das Kanzleramt doch die Schnittstelle zwischen Regierung und Parlament. Dennoch, der Kanzleramtschef ist seltener politischer Seismograph oder Frühwarnsystem, er stimmt die Arbeit der Ministerien mit der der Fraktion ab, kümmert sich vor allem um Gesetzesvorhaben. Erst in der Nähe zum Kanzler und in der Koalition wird seine Rolle bedeutend. Denn der Kanzleramtschef ist mitunter der einflussreichste Berater und der wichtigste Vertraute des Kanzlers. Bohl und Steinmeier hatten diesen Zustand erreicht, die Rolle de Maizières bleibt hingegen unklar, wenngleich seine Bedeutung für die Kanzlerin gewachsen war. In der Koalition nehmen die Kanzleramtschefs aber die Rolle der Verhandler und Schlichter, der ehrlichen Makler und Maschinisten ein. Sie halten die Regierung am Laufen, sichern durch ihre Arbeit den Fortbestand der Koalition. Daher sind ihr Verhältnis zum Bundeskanzler und ihre Stellung in der Koalition auch ihre bedeutungsvollsten Rollen.

Es bleibt schwer, den tatsächlichen Einfluss eines Kanzleramtschefs zu ermessen. Pressequellen geben nur lückenhaft darüber Auskunft, wiederholen sich in ihren Ausführungen und widersprechen sich zuweilen. Nur selten finden sich neue, tatsächlich aufschlussreiche Informationen. Angesichts des nicht öffentlichen Amtes, das es zu untersuchen galt, mag dies jedoch nicht sonderlich überraschen. Gleichzeitig ist wissenschaftliche Literatur zu diesem Thema nach wie vor kaum zu finden. Dies alles erschwerte das Schreiben dieser Studie. Zur umfassenden Bearbeitung des Themas wäre die Durchführung weiterer Interviews unabdingbar. Denn die beiden bisher geführten Interviews dienten der Konkretisierung, klärten Widersprüche auf, lieferten zuweilen neue Details. Das Gespräch mit Stéphane Beemelmans, dem Büroleiter de Maizières, machte bereits deutlich, dass sich die mediale Perspektive von einer internen nicht unerheblich unterscheiden kann.

In Gesprächen mit weiteren Personen aus dem Umfeld der Kanzleramtschefs sowie mit Hilfe diverser Protokolle hätten sich ihr Wirken, aber auch die innersten Zirkel um die Kanzler genauer skizzieren, ungenaue Pressematerialien konkretisieren lassen können. Stattdessen konnten lediglich Schlussfolgerungen aus den gegebenen Fakten gezogen werden, die jedoch zuweilen nur unzureichend Aufschluss über die vorhandenen oder nicht vorhandenen Beziehungen geben können. Damit bleibt diese Studie ein erster Versuch, die Rolle von Friedrich Bohl, Frank-Walter Steinmeier und Thomas de Maizière zu charakterisieren.

VI. Literaturverzeichnis

VI.1 Monographien und Aufsätze

Batt, Helge: Weder stark noch schwach – aber nicht groß: Die Große Koalition und ihre Reformpolitik, in: Tenscher, Jens/Batt, Helge (Hrsg.): Tenscher, Jens/Batt, Helge (Hrsg.): 100 Tage Schonfrist. Bundespolitik und Landtagswahlen im Schatten der Großen Koalition, Wiesbaden 2008, S.215-246

Bösch, Frank/Brandes, Ina: Die Vorsitzenden der CDU. Sozialisation und Führungsstil, in: Forkmann, Daniela/Schlieben, Michael (Hrsg.): Die Parteivorsitzenden der Bundesrepublik Deutschland 1949-2005, Wiesbaden 2005, S.23-63

Bösch, Frank: Christlich Demokratische Union Deutschlands (CDU), in: Decker, Frank/Neu, Viola (Hrsg.): Handbuch der deutschen Parteien, Bonn 2007, S.201-219

Bösch, Frank: Macht und Machtverlust. Die Geschichte der CDU, Stuttgart/München 2002

Buchheim, Hans: Hans Globke – oder die Kunst des Möglichen im demokratischen Staat und unter totalitären Herrschaft, in: Ballestrem, Karl Graf et al. (Hrsg.): Sozialethik und politische Bildung. Festschrift für Bernhard Sutor zum 65. Geburtstag, Paderborn 1995, S.77-92

Busse, Volker: Bundeskanzleramt und Bundesregierung. Aufgaben. Organisation. Arbeitsweise, Heidelberg 2005

Busse, Volker: Parlamentarisches Regierungssystem und Bundeskanzleramt im Kräftefeld staatlichen Handelns, in: Der Landkreis, Heft 2/2008, S.67-71

Dittberner, Jürgen: Die FDP. Geschichte, Personen, Organisation, Perspektiven. Eine Einführung, Wiesbaden 2005

Dreher, Klaus: Helmut Kohl. Leben mit Macht, Stuttgart 1998

Echtler, Ulrich: Einfluss und Macht in der Politik. Der beamte Staatssekretär, München 1973

Egle, Christoph: In der Regierung erstarrt? Die Entwicklung von B90/Die Grünen 2002-2005, in: Egle, Christoph/Zohlnhöfer (Hrsg.): Ende des Rot-Grünen Projekts. Eine Bilanz der Regierung Schröder 2002-2005, Wiesbaden 2003, S.98-123

Ehmke, Horst: Mittendrin. Von der Großen Koalition zur deutschen Einheit, Berlin 1994

Fahrenholz, Peter: Die CSU vor einem schwierigen Spagat, in: Aus Politik und Zeitgeschichte, Heft 1/1994, S.17-20

Forkmann, Daniela/Schlieben, Michael: Die Parteivorsitzenden in der Bundesrepublik Deutschland. 1949-2005, Wiesbaden 2005

Filmer, Werner/Schwan, Heribert: Richard von Weizsäcker, Düsseldorf/Wien/New York, 2. Auflage 2009

Filmer, Werner/Schwan, Heribert: Wolfgang Schäuble. Politik als Lebensaufgabe, München 1992

Frommelt, Reinhard: Mitregieren-Wollen und Opponieren-Müssen. Die CDU Hessen unter Wilhelm Fay 1952-1967, in: Wolf, Werner (Hrsg.): CDU Hessen 1945-1985.

Politische Mitgestaltung und Kampf um die Mehrheit, Köln 1986, S.37-57

Gast, Henrik/Kranenpohl, Uwe: Große Koalition – schwacher Bundestag, in: Aus Politik und Zeitgeschichte, Heft 16/2008, S.18-23

Gauland, Alexander: Helmut Kohl. Ein Prinzip, Berlin 1994

Grabow, Karsten: Das Parteiensystem Mecklenburg-Vorpommerns, in: Jun, Uwe/Haas, Melanie/Niedermayer, Oskar (Hrsg.): Parteien und Parteiensysteme in den deutschen Ländern, Wiesbaden 2008, S.265-290

Graß, Karl-Martin: Partei-Fraktion-Regierung. Bemerkungen zu einem schwierigen Verhältnis, in: Haungs, Peter et al. (Hrsg.): Civitas. Widmungen für Bernhard Vogel zum 60. Geburtstag, Paderborn 1992, S.549-561

Gros, Jürgen: Das Kanzleramt im Machtgeflecht von Bundesregierung, Regierungsparteien und Mehrheitsfraktionen, in: Korte, Karl-Rudolf/Hirscher, Gerhard (Hrsg.): Darstellungs- oder Entscheidungspolitik. Über den Wandel von Politikstilen in westlichen Demokratien, München 2000, S.85-105

Gros, Jürgen: Politikgestaltung im Machtdreieck Partei, Fraktion, Regierung. Zum Verhältnis von CDU-Parteiführungsgremien, Unionsfraktion und Bundesregierung 1982-1989 an den Beispielen der Finanz-, Deutschland- und Umweltpolitik, Berlin 1998

Groß, Hermann: Ludger Westrick, in: Kempf, Udo/Merz, Hans-Georg: Kanzler und Minister 1949-1998. Biografisches Lexikon der deutschen Bundesregierungen, Wiesbaden 2001

Gumbel, Karl: Hans Globke – Anfänge und erste Jahre im Bundeskanzleramt, in: Gotto, Klaus (Hrsg.): Der Staatssekretär Adenauers. Persönlichkeit und politisches Wirken Hans Globkes, Stuttgart 1980, S.73-98

Gumny, Armin: Regieren im politischen System der BRD am Beispiel der Agenda 2010, Marburg 2006

Hackel, Wolfgang: Die Auswahl des politischen Nachwuchses in der Bundesrepublik Deutschland. Die Junge Union als Sprungbrett für politische Karrieren in der CDU, Bonn 1978

Haungs, Peter: Parteipräsidien als Entscheidungszentren der Regierungspolitik – Das Beispiel der CDU, in: Hartwich, Hans-Hermann/Wewer, Göttrik (Hrsg.): Regieren in der Bundesrepublik II. Formale und informale Komponenten des Regierens, Opladen 1991, S.113-123

Häußer, Otto: Die Staatskanzleien der Länder. Aufgabe, Funktionen, Personal und Organisation unter Berücksichtigung des Aufbaus der neuen Länder, Baden-Baden 1995

Heinze, Rolf G.: Das „Bündnis für Arbeit" – Innovativer Konsens oder institutionelle Erstarrung?, in: Egle, Christoph/Ostheim, Tobias/Zohlnhöfer (Hrsg.): Das Rot-Grüne Projekt. Eine Bilanz der Regierung Schröder 1998-2002, Wiesbaden 2003, S.137-161

Helms, Ludger: Regierungsorganisation und politische Führung in Deutschland, Wiesbaden 2005

Herres, Volker/Waller, Klaus: Der Weg nach oben. Gerhard Schröder – eine politische Biographie, München 1998

Hoffmann, Jürgen: Zustand und Perspektiven der Grünen, in: Zehetmair, Hans (Hrsg.): Das deutsche Parteiensystem. Perspektiven für das 21. Jahrhundert, Wiesbaden 2004

Korte, Karl-Rudolf: Deutschlandpolitik in Helmut Kohls Kanzlerschaft. Regierungsstil und Entscheidungen 1982-1989, Stuttgart 1998

Jäger, Wolfgang: Eine Lanze für den Kanzlerwahlverein, in: Mols, Manfred et al. (Hrsg.): Normative und Institutionelle Ordnungsprobleme des modernen Staates, Paderborn 1990

Jäger, Wolfgang: Die Innenpolitik der sozialliberalen Koalition 1969-1974, in: Bracher, Karl Dietrich/Jäger, Wolfgang/Link, Werner (Hrsg.): Republik im Wandel 1969-1974. Die Ära Brandt, Stuttgart 1986

Jesse, Ekkehard: Die CSU im vereinigten Deutschland, in: Aus Politik und Zeitgeschichte, Heft 6/1996, S.29-35

Jun, Uwe: Die CDU: Behutsamer Übergang in der Zeit nach Kohl, in: Prickel, Gert/Walz, Dieter/Brunner, Wolfram (Hrsg.): Deutschland nach den Wahlen. Befunde zur Bundestagswahl 1998 und zur Zukunft des deutschen Parteiensystems, Opladen 2000, S.207-226

Jun, Uwe: Koalition mit Grünen – ein „Auslaufmodell"? Regierungen von SPD und Grünen in den Bundesländern, in: Zeitschrift für Parlamentsfragen, Heft 2/1993, S.200-211

Kaspari, Nicole: Gerhard Schröder – Political Leadership im Spannungsfeld zwischen Machtstreben und politischer Verantwortung, Frankfurt/Main 2008

Kießling, Andreas: Die CSU. Machterhalt und Machterneuerung, Wiesbaden 2004

Knoll, Thomas: Das Bonner Bundeskanzleramt. Organisation und Funktion von 1949-1999, Wiesbaden 2004

Korte, Karl-Rudolf: Der Pragmatiker des Augenblicks: Das Politikmanagement von Bundeskanzler Gerhard Schröder 2002-2005, in: Egle, Christoph/Zohlnhöfer (Hrsg.): Ende des Rot-Grünen Projekts. Eine Bilanz der Regierung Schröder 2002-2005, Wiesbaden 2007, S.168-196

Korte, Karl-Rudolf/Fröhlich, Manuel: Politik und Regieren in Deutschland, Paderborn, 2. Auflage 2006

Korte, Karl-Rudolf: Kommt es auf die Person des Kanzlers an? Zum Regierungsstil von Helmut Kohl in der „Kanzlerdemokratie" des deutschen „Parteienstaates", in: Zeitschrift für Parlamentsfragen, Heft 3/1998, S.387-401

Krabbe, Wolfgang R.: Parteijugend in Deutschland. Junge Union, Jungsozialisten und Jungdemokraten 1945-1980, Wiesbaden 2002

Kranenpohl, Uwe: Mächtig oder machtlos? Kleine Fraktionen im Deutschen Bundestag 1949 bis 1994, Wiesbaden 1999

Kropp, Sabine: Regieren in Koalitionen. Handlungsmuster und Entscheidungsbildung in deutschen Länderregierungen, Wiesbaden 2001

Kirch, Daniel: Verschwiegene Zirkel. Informelles Regieren in der Großen Koalition am Beispiel der Gesundheitsreform, Marburg 2008

Lang, Joachim: Fraktionsmanagement, in: Althaus, Marco/Geffken, Michael/Rawe, Sven (Hrsg.): Handlexikon Public Affairs, Münster 2005

Langguth, Gerd: Kohl, Schröder, Merkel. Machtmenschen, München 2009

Lohse, Eckart/Wehner, Markus: Rosenkrieg. Die große Koalition 2005-2009, Köln 2009

Lösche, Peter/Walter, Franz: Die FDP. Richtungsstreit und Zukunftszweifel, Darmstadt 1996

Meng, Richard: Die sozialdemokratische Wende. Aussenbild und innerer Prozess der SPD 1981-1984, Giessen 1985

Mercker, Reinhold: Das Bundeskanzleramt aus der Sicht eines Abteilungsleiters, in: Gotto, Klaus (Hrsg.): Der Staatssekretär Adenauers. Persönlichkeit und politisches Wirken Hans Globkes, Stuttgart 1980

Micus, Matthias/Walter, Franz: Entkopplung und Schwund: Parteien seit der Bundestagswahl 2005, in: Tenscher, Jens/Batt, Helge (Hrsg.): 100 Tage Schonfrist. Bundespolitik und

Landtagswahlen im Schatten der Großen Koalition, Wiesbaden 2008, S.247-282

Möller, Horst: 1982-1990, in: Becker, Winfried et al. (Hrsg.): Lexikon der Christlichen Demokratie in Deutschland, Paderborn/München/Wien 2002, S.86-96

Müller, Kay/Walter, Franz: Graue Eminenzen der Macht. Küchenkabinette in der deutschen Kanzlerdemokratie. Von Adenauer bis Schröder, Wiesbaden 2004

Müller, Kay/Walter, Franz: Die Chefs des Kanzleramtes: Stille Elite in der Schaltzentrale des parlamentarischen Systems, in: Zeitschrift für Parlamentsfragen, Heft 3/2002, S.474-501

Murswieck, Axel: Von Schröder zu Merkel – eine Frage des (Regierungs)Stils? Zu den Machtressourcen der Bundeskanzlerin in einer Großen Koalition, in: Tenscher, Jens/Batt, Helge (Hrsg.): 100 Tage Schonfrist. Bundespolitik und Landtagswahlen im Schatten der Großen Koalition, Wiesbaden 2008, S.199-214

Natan, Alex: Graue Eminenzen. Geheime Berater im Schatten der Macht, Hamburg 1967

Niclauß, Karlheinz: Kanzlerdemokratie. Regierungsführung von Konrad Adenauer bis Gerhard Schröder, Paderborn 2004

Niclauß, Karlheinz: Das Parteiensystem der Bundesrepublik Deutschland, Paderborn, 2. Auflage 2002

Oeltzen, Anne-Kathrin/Forkmann, Daniela: Charismatiker, Kerner und Hedonisten. Die Parteivorsitzenden der SPD, in: Forkmann, Daniela/Schlieben, Michael: Die Parteivorsitzenden der Bundesrepublik, Deutschland 1949-2005, Wiesbaden 2005, S.64-118

Osterheld, Horst: Der Staatssekretär des Bundeskanzleramtes, in: Gotto, Klaus (Hrsg.): Der Staatssekretär Adenauers. Persönlichkeit und politisches Wirken Hans Globkes, Stuttgart 1980

Patzelt, Werner J.: Einführung in die Politikwissenschaft, Passau, 6. Auflage 2007

Partzelt, Werner J.: Die CDU in Sachsen, in: Demuth, Christian/Lempp, Jakob(Hrsg.): Parteien in Sachsen, Berlin/Dresden 2006, S.87-119

Petersen, Sönke: Manager des Parlaments. Parlamentarische Geschäftsführer im Deutschen Bundestag – Status, Funktion, Arbeitsweise, Dresden 1999

Prantl, Heribert: Rot-Grün. Eine erste Bilanz, Hamburg 1999

Raschke, Joachim: Die Zukunft der Grünen, Frankfurt/Main 2001

Rausch, Heinz: Bundestag und Bundesregierung. Eine Institutionenkunde, München 1976

Richter, Saskia: Führung ohne Macht? Die Sprecher und Vorsitzenden der Grünen, in: Forkmann, Daniela/Schlieben, Michael (Hrsg.): Die Parteivorsitzenden der Bundesrepublik Deutschland 1949-2005, Wiesbaden 2005, S.169-214

Richter, Saskia/Schlieben, Michael/ Walter, Franz: Rot-Grüne Koalitionen – Zukunftsperspektive oder Auslaufmodell?, in: Zehetmair, Hans (Hrsg.): Das deutsche Parteiensystem. Perspektiven für das 21. Jahrhundert, Wiesbaden 2004, S.58-78

Rudzio, Wolfgang: Informelles Regieren. Koalitionsmanagement in deutschen und österreichischen Regierungen, Wiesbaden 2005

Rudzio, Wolfgang: Informelle Entscheidungsmuster in Bonner Koalitionsregierung, in: Hartwich, Hans-Hermann/Wewer, Göttrik (Hrsg.): Regieren in der Bundesrepublik II. Formale und informale Komponenten des Regierens, Opladen 1991, S.125-141

Schlieben, Michael: Politische Führung in der Opposition. Die CDU nach dem Machtverlust 1998, Wiesbaden 2007

Schmidtke, Evelyn: Der Bundeskanzler im Spannungsfeld zwischen Kanzlerdemokratie und Parteiendemokratie. Ein Vergleich der Regierungsstile Konrad Adenauers und Helmut Kohls, Marburg 2001

Schöne, Siegfried: Von der Reichskanzlei zum Bundeskanzleramt, Berlin 1968

Schreckenberger, Waldemar: Informelle Verfahren der Entscheidungsvorbereitung zwischen der Bundesregierung und den Mehrheitsfraktionen. Koalitionsgespräche und Koalitionsrunden, in: Zeitschrift für Parlamentsfragen, Heft 3/1994, S.329-346

Schreckenberger, Waldemar: Veränderungen im parlamentarischen Regierungssystem. Zur Oligarchie der Spitzenpolitiker der Parteien, in: Bracher, Karl Dietrich et al. (Hrsg.): Staat und Parteien. Festschrift für Rudolf Morsey zum 65. Geburtstag, Berlin 1992

Schröder, Gerhard: Entscheidungen. Mein Leben in der Politik, Hamburg 2006

Schumacher, Hajo: Die zwölf Gesetze der Macht. Angela Merkels Erfolgsgeheimnisse, München 2006

Schüttemeyer, Suzanne: Fraktionen und ihre Parteien. Veränderte Beziehungen im Zeichen professioneller Politik, in: Helms, Ludger (Hrsg.): Parteien und Fraktionen, Opladen 1999, S.39-66

Schüttemeyer, Suzanne S.: Manager des Parlaments zwischen Effizienz und Offenheit, in: Aus Politik und Zeitgeschichte, Heft 36-37/1997, S.8-17

Schwarzmeier, Manfred: Parlamentarische Mitsteuerung. Strukturen und Prozesse informalen Einflusses im Deutschen Bundestag, Wiesbaden 2001

Seiters, Rudolf: Die Kabinettsarbeit in Bonn und Berlin, in: Süß, Werner (Hrsg.): Hauptstadt Berlin, Berlin 1995

Siefken, Sven T.: Regierten die Kommissionen? Eine Bilanz der rot-grünen Bundesregierung 1998-2005, in: Zeitschrift für Parlamentsfragen, Heft 3/2006, S.559-581

Siefken, Sven T.: Expertengremien der Bundesregierung – Fakten, Fiktionen, Forschungsbedarf, in: Zeitschrift für Parlamentsfragen, Heft 3/2003, S.483-504

Steinmeier, Frank-Walter: Mein Deutschland. Wofür ich stehe, München 2009

Steinmeier, Frank-Walter: Konsens und Führung, in: Müntefering, Franz/Machnig, Matthias (Hrsg.): Sicherheit im Wandel. Neue Solidarität im 21. Jahrhundert, Berlin 2001, S.263-272

Stock, Wolfgang: Angela Merkel. Eine politische Biografie, München 2000

Sturm, Roland: Wie regiert die Große Koalition?, in: Gesellschaft – Wirtschaft – Politik (GWP), Heft 1/2009, S.69-79

Sturm, Roland: Rückblick auf sechs Jahre Rot-Grün. Die Auswirkungen rot-grüner Regierungsarbeit auf das Parteiensystem, in: Zehetmair, Hans (Hrsg.): Das deutsche Parteiensystem. Perspektiven für das 21. Jahrhundert, Wiesbaden 2004, S.45-57

Stüwe, Klaus: Informelles Regieren. Die Kanzlerschaften Gerhard Schröders und Helmut Kohls im Vergleich, in: Zeitschrift für Parlamentsfragen, Heft 3/2006, S.544-559

Thörmer, Heinz/Einemann, Edgar: Aufstieg und Krise der „Generation Schröder". Einblicke aus vier Jahrzehnten, Schüren 2007

Walter, Franz: Charismatiker und Effizienzen. Porträts aus 60 Jahren Bundesrepublik, Frankfurt/Main 2009

Walter, Franz: Ludger Westrick und Horst Ehmke – Wirtschaft und Wissenschaft an der Spitze des Kanzleramtes, in: Micus, Matthias/Lorenz, Robert (Hrsg.): Seiteneinsteiger. Unkonventionelle Politiker-Karrieren in der Parteiendemokratie, Wiesbaden 2009, S.303-318

Walter, Franz: Abschied von der Toskana. Die SPD in der Ära Schröder, Wiesbaden, 2. Auflage 2005

Walter, Franz: Die SPD. Vom Proletariat zur Neuen Mitte, Berlin 2002

Walter, Franz: Partei der ewigen 70er: Zur Krise der SPD in der Ära Scharping, in: Politische Vierteljahresschrift, Heft 4/1995, S.706-718

Walter, Franz: Die SPD nach der deutschen Vereinigung – Partei in der Krise oder bereit zur Regierungsübernahme?, in: Zeitschrift für Parlamentsfragen, Heft 1/1995, S.85-112

Wefing, Ulrich: Kulisse der Macht. Das Berliner Kanzleramt, Stuttgart/München 2001

Wolf, Werner: Neubeginn und Kampf um die Mehrheit. Die CDU Hessen unter Alfred Dregger 1967-1982, in: ders. (Hrsg.): CDU Hessen 1945-1985. Politische Mitgestaltung und Kampf um die Mehrheit, Köln 1986, S.59-97

VI.2 Zeitungs- und Zeitschriftenartikel

Allemann, Fritz René: Horst Ehmke – Der Adlatus auf dem „Spezialist für alles“ Weg zur Kanzlerschaft, in: Die Weltwoche Zürich, 14.11.1969

Bannas, Günter: Wenn es auf Gesichtswahrung ankommt, in: Frankfurter Allgemeine Zeitung, 13.03.2006

Bannas, Günter: König ohne Land, in: Frankfurter Allgemeine Zeitung, 21.07.2005

Bannas, Günter: Vielfach durcheinander gewirbelt, in: Frankfurter Allgemeine Zeitung, 19.12.2003

Bannas, Günter: Erwartungen an Schröder, in: Frankfurter Allgemeine Zeitung, 26.11.2002

Bannas, Günter: Politischer Beamter im Zentrum der Macht, in: Frankfurter Allgemeine Zeitung, 15.12.2000

Bannas, Günter: Der Kanzler sagt „Basta“ und alle gehorchen, in: Frankfurter Allgemeine Zeitung, 11.11.2000

Bannas, Günter: Vor dem Umzug, in: Frankfurter Allgemeine Zeitung, 26.07.1999

Bannas, Günter: Adenauers „Geschwätz von gestern“ heißt bei Schröder „Alles hat seine Zeit“, in: Frankfurter Allgemeine Zeitung, 28.01.1999

Bannas, Günter: Auf der Flucht vor den Schlagzeilen, in: Süddeutsche Zeitung, 20.03.1997

Berg, Stefan/Wassermann, Andreas/Winter, Steffen: „Blut ist dicker als Wasser“, in: Der Spiegel, 24.10.2005

Bernstorf, Martin: CDU: Schäuble will es wissen, in: Capital, 01.08.1991

Bicher, Norbert: Klar auf Angriffskurs, in: Deutsches Allgemeines Sonntagsblatt, 31.05.1991

Birnbaum, Robert/Bruns, Tissy/Haselberger, Stephan: „Wir machen es wie Mogli im Dschungel“, in: Der Tagesspiegel Sonntag, 12.11.2006

Birnbaum, Robert/Siebenmorgen, Peter: Phantomschmerzen nach der Notoperation, in: Der Tagesspiegel, 09.02.2004

Bischoff, Jörg: Dreggers Schützling im Kanzleramt, in: Der Tagesspiegel, 20.10.1991

Blome, Nikolaus: Steinmeier bekommt mehr Einfluss, in: Die Welt, 28.12.2002

Borchers, Andreas et al.: Kohls letztes Gefecht, in: Stern, 28.08.1997

Braun, Stefan: Merkels Mann für die Maschine, in: Süddeutsche Zeitung, 03.05.2008

Braun, Stefan/Schütz, Hans Peter: Casino loyale, in: Stern, 23.11.2006

Braun, Stefan: Black Box Merkel, in: Stern, 14.06.2006

Brüning, Nicola et al.: Große Koalition im Kleinen, in: Focus, 16.12.2002

Brüning, Nicola/Opitz, Olaf.: Troika auf dünnem Eis, in: Focus, 05.03.2001

Brüning, Nicola et al.: Vater des Chaos, in: Focus, 01.03.1999

Buhl, Dieter: Der Ketzer im Kanzleramt, in: Die Zeit, 18.03.1999

Burger, Reiner: Ihr Vertrauter, in: Frankfurter Allgemeine Sonntagszeitung, 18.12.2005

Burger, Reiner: Ein Gefühl der Loyalität, in: Frankfurter Allgemeine Zeitung, 18.10.2005

Casdorff, Stephan-Andreas: Struck rüttelt nicht am Zaun des Kanzleramtes, in: Stuttgarter Zeitung, 16.01.1999

Casdorff, Stephan-Andreas: Kanzler des Normalfalls, in: Stuttgarter Zeitung, 11.12.1998

Casdorff, Stephan-Andreas: „Macht mich nicht dicker, als ich bin", in: Stuttgarter Zeitung, 04.05.1996

Casdorff, Stephan-Andreas: Friedrich Bohl. Erster Parlamentarischer Geschäftsführer der Union, in: Süddeutsche Zeitung, 03.05.1989

Dausend, Peter: Der Mann ohne Gesicht, in: Die Zeit, 19.06.2008

Dausend, Peter: Kaiser Franz, in: Die Welt, 04.12.2003

Deupmann, Ulrich: „Wir mussten mit Starproblemen rechnen. Jetzt sind sie da.“, in: Berliner Zeitung, 24.11.1998

Doemens, Karl/Rinke, Andreas/Steinbeis, Max: Fraktionschefs dürfen wieder mitreden, in: Handelsblatt, 24.08.2006

Dreher, Klaus: Geräuschloser Aufstieg aus dem Hintergrund, in: Süddeutsche Zeitung, 12.11.1984

Durth, K. Rüdiger: Kampfansage eines einsamen Kanzlers, in: Bonner Rundschau, 30.03.1998

Ehrlich, Peter: Grummeln über de Maizière, in: Financial Times Deutschland, 10.08.2007

Ehrlich, Peter: Stiller Regisseur des Systems Schröder, in: Financial Times Deutschland, 05.06.2002

Ellmers, Frank: Der richtige Mann zur rechten Zeit, in: Associated Press Worldstream, 17.10.2005

Emundts, Corinna: Kanzler in der Krise 3: Kann er Schröder retten?, in: Cicero, 26.07.2004

Eschenburg, Theodor: Adenauers Schatten, in: Die Zeit, 23.02.1973

Feldenkirchen, Markus et al.: Koch und Kellner der Partei, in: Der Spiegel, 15.10.2007

Feldmeyer, Karl: Im Dreieck der Macht zwischen Kanzleramt, Fraktionsführung und Partei, in: Frankfurter Allgemeine Zeitung, 16.10.1996

Feldmeyer, Karl: Der Reiz, Politik zu gestalten, in: Frankfurter Allgemeine Zeitung, 11.03.1995

Feldmeyer, Karl: Aus Dreggers Schule, in: Frankfurter Allgemeine Zeitung, 16.05.1989

Fietz, Martina: Merkels CSU-Scharnier, in: Cicero, 01.08.2008

Fietz, Martina: Nervöse CDU, in: Die Welt, 31.03.1998

Fischer, Susanne/Knaup, Horand/Leinemann, Jürgen: Die weichste Stelle der Partei, in: Der Spiegel, 06.12.1999

Fleischhauer, Jan: Die Heimatlosen, in: Der Spiegel, 08.09.2008

Franz, Markus: Das Krokodil im Kanzleramt, in: Die Tageszeitung, 23.02.1999

Funk, Albert/Wallbaum, Klaus: Fäden ziehen, Brandherde löschen, in: Der Tagesspiegel, 25.06.1999

Gehrmann, Alva: Der Mann hinter dem Kanzler, in: Frankfurter Rundschau, 09.03.2005

Gennrich, Claus: Der Machtmensch Kohl hat das Gewonnene zu bewahren gesucht, in: Frankfurter Allgemeine Zeitung, 29.09.2008

Gerwien, Tilman et al.: Deutschland vor der Entscheidung. Er oder Sie, in: Stern, 25.05.2005

Geyer Matthias/Kurbjuweit, Dirk: Langer Anlauf, kurzer Sprung, in: Der Spiegel, 19.07.2004

Graw, Ansgar: Merkels Mikrokosmos, in: Die Welt, 06.12.2004

Grefe, Christian et al.: Wir oder die anderen, in: Die Zeit, 15.09.2005

Graw, Ansgar/Dausend, Peter: Auf kleinstem Nenner, in: Die Welt, 04.07.2006

Günsche, Karl-Ludwig: Konzentriert, sachkundig und sachlich, in: Stuttgarter Zeitung, 18.09.2001

Günsche, Karl-Ludwig: Die Manager der Macht in Turbulenzen, in: Stuttgarter Zeitung, 06.12.2000

Hartwig, Gunther: Stratege contra Graue Eminenz: Hauskrach bei Schröder lässt Regierungsmotor stottern, in: Stuttgarter Nachrichten, 26.05.1999

Henkels, Walter: Ganz oben in der Kanzleramts-Spinne, in: Frankfurter Allgemeine Zeitung, 07.10.1974

Hermann, Rudolph: Der Musterschüler als Sündenbock, in: Die Zeit, 24.08.1984

Hoidn-Borschers, Andreas: Reif für die Insel, in: Stern, 13.11.2002

Hombach, Bodo: Politik lebt vom Hoffen – nicht vom Jammern, in: Die Zeit, 10.01.1997

Honnigfort, Bernhard: Kanzleramt, in: Frankfurter Rundschau, 18.10.2005

Hübner, Rainer: Hombachs Verlust an Glaubwürdigkeit, 01.06.1999

Inacker, Michael: Schröders System der Macht auf acht Etagen, in: Frankfurter Allgemeine Sonntagszeitung, 30.04.2007

Inacker, Michael: Fäden in der Hand, in: Wirtschaftswoche, 06.11.2006

Inacker, Michael: Der Einsame, in: Frankfurter Allgemeine Sonntagszeitung, 30.09.2002

Inacker, Michael: Schröders sozialdemokratische Notgemeinschaft, 02.06.2002

Inacker, Michael: Schröder als Meister der Netzwerke, in: Frankfurter Allgemeine Sonntagszeitung, 03.06.2001

Inacker, Michael J.: Frank-Walter Steinmeier – Schröders Mann im Hintergrund, in: Die Welt, 08.12.2000

Jakobs, Walter: Vor Tabus nicht zurückschrecken, in: Die Tageszeitung, 12.03.1997

Kaiser, Carl-Christian: Die Seele des Computers, in: Die Zeit, 02.11.1979

Karutz, Hans-Rüdiger: Vom Rathaus Schöneberg zu Merkel ins Kanzleramt, in: Welt am Sonntag, 30.10.2005

Kässner, Frank/Müller, Uwe: Merkels Duzfreund, in: Die Welt, 18.10.2005

Kessler, Martin: Die Partei will CDU pur, in: Rheinische Post, 03.06.2008

Klameth, Steffen: Eine Bilderbuch-Karriere, in: Sächsische Zeitung,31.01.2001

Knaup, Horand et al.: Jetzt kommt Kurt, in: Der Spiegel, 28.08.2006

Knaup, Horand et al.: Chaos mit Kanzler, in : Der Spiegel, 01.02.1999

Korte, Karl-Rudolf: Die Machtmaschine, in: Rheinischer Merkur, 05.10.2000

Korte, Karl-Rudolf: Gerhard Schröder ist kein Koalitionskanzler, in: Focus, 10.06.2000

Koslik, Stefan: Ex-Bundesminister Krause lehnte Einladung zum CDU Parteitag ab, in: Schweringer Volkszeitung, 18.06.1993

Köttker, Verena: Geheim-OP der Sieben, in: Focus, 03.04.2006

Köttker, Verena/Krumrey, Henning: Königin der Macht, in: Focus, 05.07.2004

Krauel, Torsten: Des Kanzlers treuer Spürhund, in: Rheinischer Merkur/Christ und Welt, 29.11.1991

Kröter, Thomas/Sievers, Markus: Kein Ausweg bei Niedriglöhnen, in: Frankfurter Rundschau, 18.04.2007

Kröter, Thomas: Starker Mann in der Kanzlerdemokratie, in: Der Tagesspiegel, 19.07.1996

Lambeck, Martin S.: Der Zirkel um den Bundeskanzler, in: Die Welt, 27.12.1993

Leinemann, Jürgen: „Ich bin nicht der Stellvertreter", in: Der Spiegel, 19.04.2003

Leinemann, Jürgen: Noch ist ja nichts kaputt, in: Der Spiegel, 23.08.1999

Linke, Thomas: Hintze ist wieder der Blitzableiter, in: Handelsblatt, 31.03.1998

Lohse, Eckart: Der Mann aus dem Waschsalon, in: Frankfurter Allgemeine Sonntagszeitung, 07.10.2007

Lölhöffel, Helmut: Vom Sprungbrett ins Zentrum der Macht gehüpft, in: Frankfurter Rundschau, 26.11.1991

Löwisch, Georg: Der Abkühler, in: Die Tageszeitung, 09.01.2006

Manytz, Gregor: Heimliche Regierung, in: Rheinische Post, 05.11.2007

Meng, Richard: Sehnsucht der SPD nach Ruhe, in: Frankfurter Rundschau, 30.06.1999

Meng, Richard: Diskreter Jurist. Frank-Walter Steinmeier wird das Kanzleramt leiten, in: Frankfurter Rundschau, 26.06.1999

Meng, Richard: Sieben ohne Ulla Schmidt, in: Frankfurter Rundschau, 25.03.2006

Meng, Richard: Es folgt die Operation Maulkorb, in: Frankfurter Rundschau, 24.02.1999

Mick, Günter: Django reitet weiter für Deutschland, in: Frankfurter Allgemeine Sonntagszeitung, 24.11.1991

Mihm, Andreas: Schicksal der Steinkohle auf der Tagesordnung, in: Frankfurter Allgemeine Zeitung, 21.01.2007

Möller, Johann Michael: Es wird der Kanzlerin nicht ergehen wie Klinsmann mit seiner Fohlentruppe, in: Die Welt, 18.10.2005

Müller, Peter: Die neue Statik der Großen Koalition, in: Welt am Sonntag, 18.11.2007

Müller, Peter/Schmergal, Cornelia/Rübel, Jan: Union will SPD gezielt provozieren, in: Welt am Sonntag, 03.09.2006

Nayhauss, Mainhardt Graf: In Kohls Küchenkabinett ist Friedrich Bohl die Nr.1, in: Die Welt, 02.11.1992

Nayhaus, Mainhardt Graf von: Schüler hat die meiste Macht im Haus, in: Die Welt, 19.03.1977

Nelles, Roland: Merkels Girlscamp, in: Die Welt, 09.04.2001

Neuendorf, Bernd: Neueste Koalitions-Devise: Klima ist „gut“, in: Kieler Nachrichten, 29.10.1996

Neukirsch, Ralf : Merkels Milieu, in: Der Spiegel, 07.01.2008

Neukirch, Ralf: Die Merkel-Loge, in: Der Spiegel, 12.06.2006

Neumaier, Eduard: Erster Zuarbeiter seines Kanzlers, in: Die Zeit, 07.02.1975

o.V.: CDU auf Wolke sieben, in: Focus, 03.12.2007

o.V.: Geschlossene Gesellschaft, in: Capital, 01.03.2007

o.V.: Union will Reichensteuer verschieben, in: Frankfurter Allgemeine Zeitung, 02.05.2006

o.V.: „Zeit der Inszenierung ist vorbei“, in: Freie Presse Chemnitz, 24.12.2005

o.V.: Eine solide Stütze für Angela Merkel, in: Neue Züricher Zeitung, 20.10.2005

o.V.: Merkels Boygroup, Financial Times Deutschland, 25.01.2005 o.V.: Hilfreiche und weniger hilfreiche Geister im Hintergrund, in: Berliner Zeitung, 22.10.2002

o.V.: Test für die Belastbarkeit der Koalition, in: Süddeutsche Zeitung, 22.09.2001

o.V.: Dr. Thomas de Maizière : Koordinator MPK-Ost, Pressemitteilung der Sächsischen Staatsregierung, 28.01.1999

o.V.: Man kennt sich, man duzt sich, in: Der Spiegel, 12.10.1998

o.V.: „Uns steht ein Orkan bevor“, in: Der Spiegel, 22.01.1996

o.V.: Genscher: „Kohl tut mir leid“, in: Der Spiegel, 03.06.1985

o.V.: Mit Schmidt ins Kanzleramt, in: Frankfurter Allgemeine Zeitung, 15.05.1974

o.V.: Der Macher, in: Der Spiegel, 01.02.1971

Pache, Timo/Hulverscheidt, Klaus: Merkels Welt, in: Financial Times Deutschland, 02.09.2005

Palmer, Hartmut: Der Mann mit der Ölkanne, in: Der Spiegel, 21.08.1995

Perger, Werner A.: „Das alles ist kein Spaß mehr“, in: Die Zeit, 25.02.1999

Pries, Knut: Strippenzieherei als ehrbares Gewerbe, in: Frankfurter Rundschau, 16.03.2000

Pursch, Günter: Eine steile politische Karriere, in: Das Parlament, 29.11.1991

Rafalski, Frank: Bohl: Vom „Wadenbeißer“ zum Kanzleramtschef, in: dpa, 24.11.1991

Raschke, Joachim: Wo die Ziele unklar sind, gibt es auch keine Strategie, in: Frankfurter Rundschau 17.05.2003

Reiser, Hans: Leerer Schreibtisch, voller Terminkalender, in: Süddeutsche Zeitung, 16.12.1969

Reiser, Hans: Ludger Westrick – Minister, aber kein Politiker, in: Süddeutsche Zeitung, 17.09.1966

Riecker, Joachim: Merkels Manager, in: Märkische Allgemeine, 04.01.2007

Riecker, Joachim: Kanzlerin im Zwei-Fronten-Kampf, in: Märkische Allgemeine, 10.10.2006

Rulf, Dieter: Bröckelnder Eckpfeiler, in: Die Woche, 01.03.2001

Saft, Gunnar: Der neue Plan C, in: Sächsische Zeitung, 13.12.2002

Schäfer, Ulrich/Bovensiepen, Nina: Bitte mit Bindestrich, in: Süddeutsche Zeitung, 02.11.2005

Schmale, Holger: Eine deutsche Familie. Die de Maizières und ihr Weg im Osten und Westen, in: Berliner Zeitung, 19.10.2005

Schmiese, Wulf: Ende einer Dynastie, in: Die Welt, 01.02.2001

Schmiese, Wulf: Die Grünen-Chefin inszeniert den Störfall, in: Die Welt, 16.06.2000

Schneider, Jens: Mechaniker im Machtgetriebe, in: Süddeutsche Zeitung, 07.11.2006

Schneider, Jens: Nie wieder sonntags, in: Süddeutsche Zeitung, 26.07.2006

Schneider, Jens: Thomas de Maizière. Merkels Vertrauter und künftiger Kanzleramtsminister, in: Süddeutsche Zeitung, 18.10.2005

Schuster, Hans: Westricks Abschied, in: Süddeutsche Zeitung, 16.09.1966

Schütz, Hans Peter: Adel verpflichtet, in: Stern, 01.12.2005

Schütz, Hans Peter: Aktenfresser statt Sprücheklopfer, in: Stern, 01.07.1999

Schütz, Hans Peter: Die kleine Welt des Helmut K., in: Stern, 20.02.1997

Schütz, Hans Peter: Ich oder Nichts, in: Stern, 12.09.1991

Schwennicke, Christoph: Politische Hausbesichtigung bei Schröder, in: Süddeutsche Zeitung,25.04.2003

Schwennicke, Christoph: Der Unersetzliche, in: Süddeutsche Zeitung, 19.07.2000

Siebenmorgen, Peter: Vordenker im Vorzimmer, in: Der Tagesspiegel, 25.10.2002

Siebenmorgen, Peter: Rot-Grün sucht den Burgfrieden, in: Welt am Sonntag, 10.01.1999

Sigmund, Thomas./Rinke, Andreas: Merkels Mann hinter den Kulissen, in: Handelsblatt, 18.10.2005

Slangen, Christoph: Große Koalition übt den friedlichen Streit, in: Nordwest Zeitung, 09.12.2005

Spreng, Michael: Das System Merkel und der späte Kohl, in: Hamburger Abendblatt, 10.07.2006

Strauß, Hagen: Das Netzwerk der Angela Merkel, Lausitzer Rundschau, 13.10.2005

Vates, Daniela: Merkels Zirkel, in: Berliner Zeitung, 30.05.2005

von Altenbockum, Jasper: Verwandt, in: Frankfurter Allgemeine Zeitung, 12.04.1995

Vorkötter, Uwe: Zwei Funktionäre, die für den Kanzler funktionieren, in: Stuttgarter Zeitung, 27.11.1991

Wallbaum, Klaus: Das Geheimnis seiner Kraft ist reine Psychologie, in: General-Anzeiger Bonn, 30.06.1999

Wallbaum, Klaus: Wer steht hinter Schröder?, in: Stuttgarter Freie Presse, 14.10.1997

Walther, Daniel: Wir sagen worauf es ankommt, in: Die Entscheidung, Heft 10/1998, S.18-19

Winter, Martin: Der Bulldozer Kohl und der Faktor Zeit, in: Frankfurter Rundschau, 10.04.1991

Wirtgen, Klaus: „Die Kakophonie war nicht zufällig“, in: Berliner Zeitung, 21.12.2005

Wittke, Thomas: Thomas Stegs schwieriger Spagat, in: General-Anzeiger, 11.07.2008

Zundel, Rolf: Das umstrittene Wunderkind, in: Die Zeit, 21.03.1969

VI.3 Internetquellen

Organisationsplan der Bundesregierung: http://www.bundesregierung.de/Webs/Breg/DE/Bundesregierung/Bundeskanzleramt/Organigramm/organigramm.html, Stand: 28.07.2009

Gemeinsam für Deutschland. Mit Mut und Menschlichkeit. Koalitionsvertrag von CDU, CSU und SPD, 11.11.2005, S.164: http://www.bundesregierung.de/Content/DE/__Anlagen/koalitionsvertrag,property=publicationFile.pdf, Stand: 28.07.2009

GÖTTINGER JUNGE FORSCHUNG

Schriftenreihe des Göttinger Instituts für Demokratieforschung

Herausgegeben von Dr. Matthias Micus

ISSN 2190-2305

1 *Stine Harm*
Bürger oder Genossen?
Carlo Schmid und Hedwig Wachenheim - Sozialdemokraten trotz bürgerlicher Herkunft
ISBN 978-3-8382-0104-7

2 *Benjamin Seifert*
Träume vom modernen Deutschland
Horst Ehmke, Reimut Jochimsen und die Planung des Politischen in der ersten Regierung Willy Brandts
ISBN 978-3-8382-0105-4

3 *Robert Lorenz*
Siegfried Balke
Grenzgänger zwischen Wirtschaft und Politik in der Ära Adenauer
ISBN 978-3-8382-0137-5

4 *Johanna Klatt*
Rita Süssmuth
Politische Karriere einer Seiteneinsteigerin in der Ära Kohl
ISBN 978-3-8382-0150-4

5 *Bettina Munimus*
Heide Simonis
Aufstieg und Fall der ersten Ministerpräsidentin Deutschlands
Mit einem Geleitwort von Heide Simonis
ISBN 978-3-8382-0170-2

6 *Michael Lühmann*
Der Osten im Westen – oder: Wie viel DDR steckt in Angela Merkel, Matthias Platzeck und Wolfgang Thierse?
Versuch einer Kollektivbiographie
ISBN 978-3-8382-0138-2

7 *Frauke Nicola Schulz*
„Im Zweifel für die Freiheit"
Aufstieg und Fall des Seiteneinsteigers Werner Maihofer in der FDP
ISBN 978-3-8382-0111-5

8 *Daniela Kallinich*
Nicolas Sarkozy
Vom Außenseiter zum Präsidenten
ISBN 978-3-8382-0122-1

9 *Sebastian Kohlmann*
Franz Müntefering
Eine politische Biographie
ISBN 978-3-8382-0236-5

10 *Ralf Schönfeld*
Bundeskanzleramtschefs im vereinten Deutschland
Friedrich Bohl, Frank-Walter Steinmeier und Thomas de Maizière im Vergleich
ISBN 978-3-8382-0116-0

In Vorbereitung:

Lars Geiges
Fußball in der Arbeiter-, Turn- und Sportbewegung
Ein zum Scheitern verurteiltes Spiel?
ISBN 978-3-8382-0225-9

Abonnement

Hiermit abonniere ich die Reihe **Göttinger Junge Forschung (ISSN 2190-2305),** herausgegeben von Dr. Matthias Micus,

❒ ab Band # 1

❒ ab Band # ___

❒ Außerdem bestelle ich folgende der bereits erschienenen Bände:
#___, ___, ___, ___, ___, ___, ___, ___, ___, ___, ___, ___

❒ ab der nächsten Neuerscheinung

❒ Außerdem bestelle ich folgende der bereits erschienenen Bände:
#___, ___, ___, ___, ___, ___, ___, ___, ___, ___, ___, ___

❒ 1 Ausgabe pro Band ODER ❒ ___ Ausgaben pro Band

Bitte senden Sie meine Bücher zur versandkostenfreien Lieferung innerhalb Deutschlands an folgende Anschrift:

Vorname, Name: ______________________________

Straße, Hausnr.: ______________________________

PLZ, Ort: ______________________________

Tel. (für Rückfragen): ______________ *Datum, Unterschrift:* ______________

Zahlungsart

❒ *ich möchte per Rechnung zahlen*

❒ *ich möchte per Lastschrift zahlen*

bei Zahlung per Lastschrift bitte ausfüllen:

Kontoinhaber: ______________________________

Kreditinstitut: ______________________________

Kontonummer: ______________ Bankleitzahl: ______________

Hiermit ermächtige ich jederzeit widerruflich den ***ibidem***-Verlag, die fälligen Zahlungen für mein Abonnement der Schriftenreihe **Göttinger Junge Forschung** von meinem oben genannten Konto per Lastschrift abzubuchen.

Datum, Unterschrift: ______________________________

Abonnementformular entweder **per Fax** senden an: **0511 / 262 2201** oder 0711 / 800 1889
oder als **Brief** an: ***ibidem***-Verlag, Julius-Leber Weg 11, 30457 Hannover oder
als e-mail an: ibidem@ibidem-verlag.de

***ibidem*-Verlag**

Melchiorstr. 15

D-70439 Stuttgart

info@ibidem-verlag.de

www.ibidem-verlag.de
www.ibidem.eu
www.edition-noema.de
www.autorenbetreuung.de

Zeitfracht Medien GmbH
Ferdinand-Jühlke-Straße 7
99095 Erfurt, Deutschland
produktsicherheit@kolibri360.de